不知细叶谁裁出，
二月春风似剪刀。

尔丛香百合，一架粉长春。

窗前谁种芭蕉树,阴满中庭。

莲花兜上草虫鸣，处处村庄白菜生。

山光悦鸟性，潭影空人心。

窗含西岭千秋雪，
门泊东吴万里船。

有梅无雪不精神,有雪无诗俗了人。

双鹤翩翩到我前，
与花斗白更争妍。

叶圣陶讲给孩子的写作课

⑤ 状物篇

叶圣陶 著

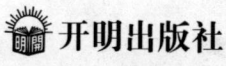

开明出版社
·北京·

图书在版编目（CIP）数据

叶圣陶讲给孩子的写作课. 状物篇 / 叶圣陶著.
北京：开明出版社，2025.7. -- ISBN 978-7-5131
-9633-8

Ⅰ.G634.343

中国国家版本馆 CIP 数据核字第 2025LU5308 号

责任编辑：卓　玥

YESHENGTAO JIANGGEI HAIZI DE XIEZUOKE
叶圣陶讲给孩子的写作课

作　　者：	叶圣陶　著
出　　版：	开明出版社
	（北京市海淀区西三环北路25号 邮编100089）
印　　刷：	三河市兴达印务有限公司
开　　本：	880mm×1230mm 1/32
成品尺寸：	145mm×210mm
印　　张：	44.5
字　　数：	718千字
版　　次：	2025年7月第1版
印　　次：	2025年7月第1次印刷
定　　价：	198.00元（全八册）

印刷、装订质量问题，出版社负责调换。联系电话：（010）88817647

目 录

叶圣陶精讲

002　记述的顺序

005　浴池速写

叶圣陶佳作展示

012　天井里的种植

018　牵牛花

020　藕与莼菜

023　牛

026　一件烂棉袄

029　苍蝇

036　刺绣和缂丝

042　昆曲

047　书桌

056　三种船

- 069 假山
- 075 荷花
- 077 三棵银杏树
- 079 两叠画片
- 081 老黄
- 085 景泰蓝的制作
- 091 各种的声音
- 093 没有秋虫的地方
- 096 蚕
- 098 燕子
- 100 鲸
- 102 大雁
- 104 爬山虎的脚
- 106 荣宝斋的彩色木刻画
- 117 木刻
- 120 增产酒精的能手
- 129 谈成都的树木
- 132 说书
- 136 深夜的食品

叶圣陶精讲

记述的顺序

记述文是写事物的光景的，事物在空间的一切形状，就是记述文的材料。事物的材料原都摆在我们面前，并不隐藏，可是我们要收得事物的材料，却非注意观察不可。自然界的事物森罗万象，互相混和着，我们要写某事物，先得把某事物从森罗万象中提出来看；又，一件事物，内容性质无限，方面也很多，我们要写这件事物，须把它的纠纷错杂的状况归纳起来，分作几部分来表出。这些都是观察的工夫。

记述文可以说是作者对于某事物观察的结果。观察的顺序就是记述的顺序。

事物在空间，有许多是并无统属的位次，我们随便从哪一方看起从哪一方说起都可以的。例如我们记春日的风景，说"桃红柳绿"，记山水的特色，说"山高月小"，前者先说桃后说柳，后者先说山后说月；如果倒过来说"柳绿桃红""月小山高"，也没有什么不妥当。这因为桃和柳，山和月，在空间是平列的，其间并无统属的关系。有许多事物是有统属关系的，我们观察的时候要从全体看起，顺次再看各部分，否则就看不明白，说不清楚。例如我们要写述一间房子，必须先写房子的名称、方位、形状等等，然后顺次写客室的陈设、卧室的布置，或厨房中的状况；要写述一株植物，必须先提出那植物的名称和全体的大概，高多少，看去像什么，然后再写干、枝、叶、花、果等等。如果写房子的时候，先写客室的陈设，写植物的时候，先写叶子的形状，或者东说一句，西说一句，毫无秩序，别人就不会明白了。

记述文里所写的是事物的光景，要想把事物的光景明白传出，有两个最重要的条件。一个是着眼在位次，把事物所包含的千头万绪的事项，依照了自然的顺序，分别述说。写植物的时候，把关于干、枝、叶、花、果的许多事项，各集在一处说，说花的地方不说干，说果的地方不说叶。一个是着眼在特点，把事物的重要的某部分详细述说，此外没甚特色的部分就只简略地带过。写房子的时候，如果那房子是学者的住宅，就应该注重书斋的记述，其余如客室、厨房之类不妨从略，因为这些处所并不是特色所在的缘故。在保持事物的自然顺序的范围以内,尽量删除那些无关特色的分子,事物的特色才能格外显出。

顺序不乱、特色明显的,才是好的记述文。

浴池速写

沿池子的水面，伸出五个人头。

因为池子是圆的，所以差不多是等距离地排列着的五个人头便构成了半规形的"步哨线"，正对着池子的白石岸旁的冷水龙头。这是个擦得耀眼的紫铜质的大家伙，虽然关着嘴，可是那转柄的节缝中却嗤嗤地飞迸出两道银线一样的细水，斜射上去约有半尺高，然后乱纷纷地落下来，像是些极细的珠子。

五岁光景的一对女孩子，就坐在这个冷水龙头旁边的白石池岸上，正对着我们五个人头。水蒸气把她们俩的脸儿熏得红喷喷地，头上的水打湿了的短发是墨黑黑地，肥胖的小身体又是白生生地。她们俩像是孪生的姊妹。坐在左边的一个的肥白的小手里拿着个橙黄色透明体的肥皂盒子；她就用这小小的东西舀水来浇自己的胸脯。右边的一个呢，捧了一条和她的身体差不多长短的毛巾，在她的两股中间揉摩。

虽是这么幼小的两个，却已有大人的风度，然而多么妩媚。

这样想着，我侧过脸去看我左边的一个人头。这是满腮长着黑森森的胡子根的中年汉子的强壮的头。他挺起了眼睛往上瞧，似乎颇有心事。

我再向右边看。最近的一个正把滴水的毛巾盖在脸上，很艰辛地喘气。再过去是三角脸的青年，将后颈枕在池子的石岸上，似乎已经入睡。更过去是一张肥胖的圆脸，毫无表情地浮在水面，很像个足球。

忽然那边的矿泉水池里豁剌剌一片水响，冒出个黄脸大汉来，胸前有一丛黑毛。他晃着头，似乎想出来，却又蹲了下去。

大概是惊异着那边还有人，两个小女孩子都转过头去了。拿肥皂盒的一个的小脸儿正受着冷水龙头迸出来的水珠。她似乎觉得有些痒吧，她慢慢地举起手来搔了几下，便又很正经地舀起水来浇胸脯。

茅盾先生这篇文章并不是告诉我们一个故事，只是告诉我们他眼睛里看见的一番光景。文章的内容本来是各色各样的。记载一件东西，叙述一桩事情，发表一种意见，吐露一腔情感，都可以成为文章。把眼睛里看见的光景记下来，当然也成为文章。

我们从早上睁开眼睛起来到晚上闭上眼睛睡觉，随时随地看见种种光景。如果把种种光景完全记下来，那就像一篇杂乱无章的流水账，叫人家看了摸不着头脑。而且作者也没有写这种流水账的必要。作者要写的一定是感到兴趣、觉得有意思的一番光景。至于那些平平常常的光景，虽然看在眼里，绝不高兴拿起笔来写。

这样说起来，写这类文章，必须在种种光景里画一圈界线，把要写的都圈在界线里边，用不着的都搁在界线外边。茅盾先生写这篇文章就先画这么一圈界线。读者试想一想：他那界线是怎样画的？

当时作者在日本的浴池洗澡，若把身子打一个旋，看见的应该是浴池全部的光景。但是他的兴趣并不在浴池全部。他只对于正在洗澡的几个人感到兴趣，觉得他们值得描写。所以他所写的限于池子，池子以外的光景都不写：他的界线是沿着池岸画的。

写出眼睛里看见的光景，第一要位置分明，不然，人家看了你的文章就糊涂，不会看见像你看见的那样。读者试注意这篇文章里位置的交代："池子是圆的""五个人头便构成了半规形""正对着池子的白石岸旁的冷水龙头"。五个人头中间，作者是一个，作者的左边一个，右边三个。冷水龙头旁边的池岸上坐着两个女孩子。那边还有个矿泉水池，里面也有一个人在那里洗澡。像这样把位置交代清楚，使人家看了，简直可以画一张图画。

因为写的是作者看见的光景，所以对于作者自己并没有写什么。看见池子怎样就写池子怎样，看见冷水龙头怎样就写冷水龙头怎样，看见洗澡的几个人怎样就写洗澡的几个人怎样。池子跟冷水龙头固然是死物，洗澡的几个人却是有思想感觉的。思想感觉藏在他们的里面，作者无从知道。作者只能根据看得见的他们的外貌，去推测藏在里面的他们的思想感觉。推测不一定就准，所以看见左边一个"挺起了眼睛往上瞧"，说他"似乎颇有心事"；看见矿泉水池里的一个"晃着头"，说他"似乎想出来"；看见"两个小女孩子都转过头去了"，说她们"大概是惊异着那边还有人"；看见拿肥皂盒的一个"慢慢地举起手来搔了几下"，说"她似乎觉得有些痒吧"。读者试想：这些地方假如去掉了"似乎"跟"大概"，有没有什么不妥当？有的。假如去掉了"似乎"跟"大概"就变得作者的眼光钻到这几个人的里面去了。这就不是专写光景的手法。这就破坏了全篇的一致。——作者的眼光钻到人物里面去的写法并非绝对不容许，而且常常用得到。像许多小说里，一方面叙述甲的思想感觉，同时又叙述乙、丙、丁的思想感觉，好像作者具有无所不知的神通似的。这是一种便利的法门，不这样就难叫读者深切地了解各方面。然而小说并不是专写光景的文章。

专写光景的文章，所占时间往往很短，就只是作者放眼看出去的一会儿。这篇文章虽然有六百多字，所占时间却仅有四瞥的工夫——向对面两个女孩子一瞥，向左边的一个一瞥，向右边的三个一瞥，"忽然那边的矿泉水池里豁刺刺一片水响"，又是一瞥。这类文章也有不占时间的。比如记述一件东西，描写一处景物，作者自己不出场，并不叙明"我"在这里看，那就不占时间了。

这篇文章写得细腻。写得细腻由于看得精密。你看他写一个冷水龙头，使我们仿佛亲眼看见了那"紫铜质的大家伙"。若不是当时精密地看过，拿着笔伏在桌子上想半天也想不出来的。其余写几个人的形象跟动作的地方也是这样。读者都应该仔细体会。

叶圣陶佳作展示

天井里的种植

搬到上海来十多年,一直住的弄堂房子。弄堂房子,内地人也许不明白是什么式样。那是各所一律的:前墙通连,隔墙公用;若干所房子成为一排;前后两排间的通路就叫做"弄堂";若干条弄堂合起来总称什么里什么坊,表示那是某一个房主的房产。每一所房子开门进去是个小天井。天井,也许又有人不明白是什么。天井就是庭院;弄堂房子的庭院可真浅,只须三四步就跨过了,横里等于一所房子的阔,也不过五六步光景,如果从空中望下来,一定会觉得那个"井"字怪适当的。天井跨进去就是正间。正间背后横生着扶梯,通到楼上的正间以及后面的亭子间。因为房子并不宽,横生的扶梯够不到楼上的正间,碰到墙,拐弯向前去,又是四五级,那才是楼板。到亭子间可不用跨这四五级,所以亭子间比楼正间低。亭子间的下层是灶间;上层是晒台,从楼正间另一旁的扶梯走上去。近年来常常在文人笔下出现的亭子间就是这么局促闷损的居室。然而弄堂房子的结构确乎值得佩服；俗语说，"麻雀虽小，五脏俱全"，弄堂房子就合着这样经济的条件。

　　住弄堂房子，非但栽不成深林丛树，就是几棵花草也没法种，因为天井里完全铺着水门汀。你要看花草只有种在花盆里。盆里的泥往往是反复地种过了几种东西的，一些养料早被用完，又没处去取肥美的泥土来加入；所以长出叶子来开出花朵来大都瘦小可怜。有些人家嫌自己动手麻烦，又正有余多的钱足以对付小小的奢侈的开支，就与花园约定，每个月送两回或者三回盆景来；这样，家里就长年有及时的花草，过了时的自有花匠带回去，真是毫不费事。然而这等人家的趣味大都在于不缺少照例应有的点缀，自己的生活跟花草的生活却并没有多大干系；只要看花匠带回去的，不是干枯了的叶子，就是折断了的枝干，可见我这话没有冤枉了他们。再有些人家从小菜场买一些折枝截茎的花草，拿回来就插在花瓶里，不像日本人那样讲究什么"花道"，插成"乱柴把"或者"喜鹊窠"都不在乎；直到枯萎了，拔起来向垃圾桶一扔，就此完事。这除了"我家也有一点儿花草"以外，实在很少意味。

　　我们乐于亲近植物，趣味并不完全在看花。一根枝条伸出来，一张叶子展开来，你如果耐着性儿看，随时有新的色泽跟姿态勾引你的欢喜。到了秋天冬天，吹来几阵西风北风，树叶毫不留恋地掉将下来；这似乎最乏味了。然而你留心看时，就会发现枝条上旧时生着叶柄的处所，有很细小的一粒透露出来，那就是来春新枝条的萌芽。春天的到来是可以预计的，所以你对着没有叶子的枝条也不至于感到寂寞，你有来春看新绿的希望。这固然不值一班珍赏家的一笑，在他们，树一定要搜求佳种，花一定要能够入谱，寻常的种类跟谱外的货色就不屑一看；但是，果真能从花草方面得到真实的享受，做一个非珍赏家的"外行"又有什么关系。然而买一点折枝截茎的花草来插在花瓶里，那是无法得到这种享受的；叫花匠每个月送几回盆景来也不行，因为时间太短促，你不能读遍一种植物的生活史；自己动手弄盆栽当然比较好，可是植物入了盆犹如鸟进了笼，无论如何总显得拘束，滞钝，跟原来不一样。推究到底，只有把植物种在泥地里最好。可是哪来泥地呢？弄堂房子的天井里有的是坚硬的水门汀！

把水门汀去掉，我时时这样想，并且告诉别人。关切我的人就提出了驳议。有两说：又不是自己的房产，给点缀花木犯不着，这是一说；谁知道这所房子住多少日子，何必种了花木让别人看，这是又一说。前者着眼在经济，后者只怕徒劳而得不到报酬。这种见识虽然不能叫我信服，可是究属好意；我对他们都致了谢。然而也并没有立刻动手。直到三年前的冬季，才真个把天井里的水门汀的两边凿去，只留当中一道，作为通路。水门汀下面满是砖砾，烦一个工人用了独轮车替我运出去。他就从不很近的田野里载回来泥土，倒在凿开的地方。来回四五趟，泥土与留着的水门汀平了。于是我买一些植物来种下，计蔷薇两棵，紫藤两棵，红梅一棵，芍药根一个。蔷薇跟紫藤都落了叶，但是生着叶柄的处所，萌芽的小粒已经透出来了；红梅满缀着花蕾，有几个已经展开了一两瓣；芍药根生着嫩红的新芽，像一个个笔尖，尤其可爱。我希望它们发育得壮健些，特地从江湾买来一片豆饼，融化了，分配在各棵的根旁边；又听说芍药更需要肥料，先在安根处所的下边埋了一条猪的大肠。

不到两个月，"一·二八"战役起来了。停战以后，我回去捡残余的东西。天井完全给碎砖断板掩没了。只红梅的几条枝条伸出来，还留着几个干枯的花萼；新叶全不见，大概是没命了。当时心里充满着种种的忿恨，一瞥过后，就不再想到花呀草呀的事。后来回想起来，才觉得这回的种植真是多此一举。既没有点缀人家的房产，也没有让别人看到什么，除了那棵红梅总算看见它半开以外，一点儿效果都没有得到，这才是确切的"犯不着"。然而当初提出驳议的人并不曾想到这一层。

去年秋季，我又搬家了。经朋友指点，来看这所房子，才进里门，我就中了意，因为每所房子的天井都留着泥地，再不用你费事，只一条过路涂的水门汀。搬了进来之后，我就打算种点儿东西。一个卖花的由朋友介绍过来了。我说要一棵垂柳，大约齐楼上的栏杆那么高。他说有，下礼拜早上送来。到了那礼拜天，一家人似乎有一位客人将要到来，都起得很早。但是，报纸送来了，到小菜场去买菜的回来了，垂柳却没有消息。那卖花的"放生"了吧，不免感到失望。忽然，"树来了！树来了！"在弄堂里赛跑的孩子叫将起来。三个人扛着一棵绿叶蓬蓬的树，在门首停下；不待竖直，就认知这是柳树而并不是垂柳。为什么不送一棵垂柳来呢？种活来得难哩，价钱贵得多哩，他们说出好些理由。不垂又有什么关系，具有生意跟韵致是一样的。就叫他们给我种在门侧；正是齐楼上的栏杆那么高。问多少价钱，两块四，我照给了。人家都说太贵，若在乡下，这样一棵柳树值不到两毛钱。我可不这么想。三个人的劳力，从江湾跑了十多里路来到我这里，并且带来一棵绿叶蓬蓬的柳树，还不值这点儿钱吗？就是普通的商品，譬如四毛钱买一双袜子，一块钱买三罐香烟，如果撇开了资本吸收利润这一点来说，付出的代价跟取得的享受总有些抵不过似的，因为每样物品都是最可贵的劳力的化身，而付出的代价怎样来的，未必每个人没有问题。

柳树离开了土地一些时，种下去过了三四天，叶子转黄，都软软地倒垂了；但枝条还是绿的。半个月后就是小春天气，接连十几天的暖和，枝条上透出许多嫩芽来；这尤其叫人放心。现在吹过了几阵西风，节令已交小寒，这些嫩芽枯萎了。然而清明时节必将有一树新绿是无疑的。到了夏天，繁密的柳叶正好代替凉棚，遮护这小小的天井：那又合于家庭经济原理了。

柳树以外，我又在天井里种了一棵夹竹桃，一棵绿梅，一条紫藤，一丛蔷薇，一个芍药根，以及叫不出名字来的两棵灌木；又有一棵小刺柏，是从前住在这里的人家留下来的。天井小，而我偏贪多；这几种东西长大起来，必然彼此都不舒服。我说笑话，我安排下一个"物竞"的场所，任它们去争取"天择"吧。那棵绿梅花蕾很多，明后天有两三朵开了。

原载1935年2月1日《中学生》杂志52号

牵牛花

手种牵牛花，接连有三四年了。水门汀地没法下种，种在十来个瓦盆里。泥是今年又明年反复用着的，无从取得新的泥来加入。曾与铁路轨道旁种地的那个北方人商量，愿出钱向他买一点儿，他不肯。

从城隍庙的花店里买了一包过磷酸骨粉，搀和在每一盆泥里，这算代替了新泥。

瓦盆排列在墙脚，从墙头垂下十条麻线，每两条距离七八寸，让牵牛的藤蔓缠绕上去。这是今年的新计划，往年是把瓦盆摆在三尺光景高的木架子上的。这样，藤蔓很容易爬到了墙头；随后长出来的互相纠缠着，因自身的重量倒垂下来，但末梢的嫩条便又蛇头一般仰起，向上伸，与别组的嫩条纠缠，待不胜重量时重演那老把戏；因此墙头往往堆积着繁密的叶和花，与墙腰的部分不相称。今年从墙脚爬起，沿墙多了三尺光景的路程，或者会好一点儿；而且，这就将有一垛完全是叶和花的墙。

藤蔓从两瓣子叶中间引伸出来以后，不到一个月工夫，爬得最快的几株将要齐墙头了。每一个叶柄处生一个花蕾，像谷粒那么大，便转黄萎去。据几年来的经验，知道起头的一批花蕾是开不出来的；到后来发育更见旺盛，新的叶蔓比近根部的肥大，那时的花蕾才开得成。

今年的叶格外绿，绿得鲜明；又格外厚，仿佛丝绒剪成的。这自然是过磷酸骨粉的功效。他日花开，可以推知将比往年的盛大。

但兴趣并不专在看花，种了这小东西，庭中就成为系人心情的所在，早上才起，工毕回来，不觉总要在那里小立一会儿。那藤蔓缠着麻线卷上去，嫩绿的头看似静止的，并不动弹；实际却无时不回旋向上，在先朝这边，停一歇再看，它便朝那边了。前一晚只是绿豆般大一粒嫩头，早起看时，便已透出二三寸长的新条，缀一两张长满细白绒毛的小叶子，叶柄处是仅能辨认形状的小花蕾，而末梢又有了绿豆般大一粒嫩头。有时认着墙上的斑剥痕迹，明天未必便爬到那里吧；但出乎意外，明晨竟爬到了斑剥痕之上；好努力的一夜工夫！"生之力"不可得见；在这样小立静观的当儿，却默契了"生之力"了。渐渐地，浑忘意想，复何言说，只呆对着这一墙绿叶。即使没有花，兴趣未尝短少；何况他日花开，将比往年盛大呢。

藕与莼菜

同朋友喝酒，嚼着薄片的雪藕，忽然怀念起故乡来了。若在故乡，每当新秋的早晨，门前经过许多乡人：男的紫赤的胳膊和小腿肌肉突起，躯干高大且挺直，使人起健康的感觉；女的往往裹着白地青花的头巾，虽然赤脚，却穿短短的夏布裙，躯干固然不及男的那样高，但是别有一种健康的美的风致；他们各挑着一副担子，盛着鲜嫩的玉色的长节的藕。在产藕的池塘里，在城外曲曲弯弯的小河边，他们把这些藕一再洗濯，所以这样洁白。仿佛他们以为这是供人品味的珍品，这是清晨的画境里的重要题材，倘若涂满污泥，就把人家欣赏的浑凝之感打破了；这是一件罪过的事，他们不愿意担在身上，故而先把它们洗濯得这样洁白，才挑进城里来。他们要稍稍休息的时候，就把竹扁担横在地上，自己坐在上面，随便拣择担里过嫩的"藕枪"或是较老的"藕朴"，大口地嚼着解渴。过路的人就站住了，红衣衫的小姑娘拣一节，白头发的老公公买两支。清淡的甘美的滋味于是普遍于家家户户了。这种情形差不多是平常的日课，直到叶落秋深的时候。

在这里上海，藕这东西几乎是珍品了。大概也是从我们故乡运来的。但是数量不多，自有那些伺候豪华公子硕腹巨贾的帮闲茶房们把大部分抢去了；其余的就要供在较大的水果铺里，位置在金山苹果吕宋香芒之间，专待善价而沽。至于挑着担子在街上叫卖的，也并不是没有，但不是瘦得像乞丐的臂和腿，就是涩得像未熟的柿子，实在无从欣羡。因此，除了仅有的一回，我们今年竟不曾吃过藕。

这仅有的一回不是买来吃的，是邻居送给我们吃的。他们也不是自己买的，是从故乡来的亲戚带来的。这藕离开它的家乡大约有好些时候了，所以不复呈玉样的颜色，却满被着许多锈斑。削去皮的时候，刀锋过处，很不爽利。切成片送进嘴里嚼着，有些儿甘味，但是没有那种鲜嫩的感觉，而且似乎含了满口的渣，第二片就不想吃了。只有孩子很高兴，他把这许多片嚼完，居然有半点钟工夫不再作别的要求。

想起了藕就联想到莼菜。在故乡的春天，几乎天天吃莼菜。莼菜本身没有味道，味道全在于好的汤。但是嫩绿的颜色与丰富的诗意，无味之味真足令人心醉。在每条街旁的小河里，石埠头总歇着一两条没篷的船，满舱盛着莼菜，是从太湖里捞来的。取得这样方便，当然能日餐一碗了。

而在这里上海又不然；非上馆子就难以吃到这东西。我们当然不上馆子，偶然有一两回去叨扰朋友的酒席，恰又不是莼菜上市的时候，所以今年竟不曾吃过。直到最近，伯祥的杭州亲戚来了，送他瓶装的西湖莼菜，他送给我一瓶，我才算也尝了新。

向来不恋故乡的我，想到这里，觉得故乡可爱极了。我自己也不明白，为什么会起这么深浓的情绪？再一思索，实在很浅显：因为在故乡有所恋，而所恋又只在故乡有，就萦系着不能割舍了。譬如亲密的家人在那里，知心的朋友在那里，怎得不恋恋？怎得不怀念？但是仅仅为了爱故乡么？不是的，不过在故乡的几个人把我们牵系着罢了。若无所牵系，更何所恋念？像我现在，偶然被藕与莼菜所牵系，所以就怀念起故乡来了。

所恋在哪里，哪里就是我们的故乡了。

1923年9月7日作

原载《文学旬刊》第87期

牛

在乡下住的几年里，天天看见牛。可是直到现在还像显现在眼前的，只有牛的大眼睛。冬天，牛拴在门口晒太阳。它躺着，嘴不停地磋磨，眼睛就似乎比忙的时候睁得更大。牛眼睛好像白的成分多，那是惨白。我说它惨白，也许为了上面网着一条条血丝。我以为这两种颜色配合在一起，只能用死者的寂静配合着吊丧者的哭声那样的情景来相模拟。牛的眼睛太大，又鼓得太高，简直到了使你害怕的程度。我进院子的时候经过牛身旁，总注意到牛鼓着的两只大眼睛在瞪着我。我禁不住想，它这样瞪着，瞪着，会猛地站起身朝我撞过来。我确实感到那眼光里含着恨。我也体会出它为什么这样瞪着我，总距离它远远的绕过去。有时候我留心看它将会有什么举动，可是只见它呆呆地瞪着，我觉得那眼睛里似乎还有别的使人看了不自在的意味。

我们院子里有好些小孩，活泼，天真，当然也顽皮。春天，他们扑蝴蝶。夏天，他们钓青蛙，谷子成熟的时候到处都有油蚱蜢，他们捉了来，在灶膛里煨了吃。冬天，什么小生物全不见了，他们就玩牛。

有好几回，我见牛让他们惹得发了脾气。它绕着拴住它的木桩子，一圈儿一圈儿的转。低着头，斜起角，眼睛打角底下瞪出来，就好像这一撞要把整个天地翻个身似的。

孩子们是这样玩的：他们一个个远远地站着，捡些石子，朝牛扔去。起先，石子不怎么大，扔在牛身上，那一搭皮肤马上轻轻地抖一下，像我们的嘴角动一下似的。渐渐的，捡来的石子大起来了，扔到身上，牛会掉过头来瞪着你。要是有个孩子特别胆大，特别机灵，他会到竹园里找来一根毛竹。伸得远远地去撩牛的尾巴，戳牛的屁股，把牛惹起火来。可是，我从未见过他们撩过牛的头。我想，即使是小孩，也从那双大眼睛看出使人不自在的意味了。

玩到最后，牛站起来了，于是孩子们轰的一声，四处跑散。这种把戏，我看得很熟很熟了。

有一回，正巧一个长工打院子里出来，他三十光景了，还像孩子似的爱闹着玩。他一把捉住个孩子，"莫跑，"他说，"见了牛都要跑，改天还想吃庄稼饭？"他朝我笑笑说："真的，牛不消怕得，你看它有那么大吗？它不会撞人的。牛的眼睛有点不同。"

以下是长工告诉我的话。

"比方说,我们看见这根木头桩子,牛眼睛看来就像一根撑天柱。比方说,一块田十多亩,牛眼睛看来就没有边,没有沿。牛眼睛看出来的东西,都比原来大,大许多许多。看我们人,就有四金刚那么高,那么大。站到我们跟前它就害怕了,它不敢倔强,随便拿它怎么样都不敢倔强。它当我们只要两个指头就能捻死它,抬一抬脚趾拇就能踢它到半天云里,我们哈气就像下雨一样。那它就只有听我们使唤,天好,落雨,生田,熟田,我们要耕,它就只有耕,没得话说的。你先生说对不对,幸好牛有那么一双眼睛。不然的话,还让你使唤啊,那么大的一个,力气又蛮,踩到一脚就要痛上好几天。对了,我们跟牛,五个抵一个都抵不住。好在牛眼睛看出来,我们一个抵它十几个。"

以后,我进出院子的时候,总特意留心看牛的眼睛,我明白了另一种使人看着不自在的意味。那黄色的浑浊的瞳仁,那老是直视前方的眼光,都带着恐惧的神情,这使眼睛里的恨转成了哀怨。站在牛的立场上说,如果能去掉这双眼睛,成了瞎子也值得,因为得到自由了。

1946年12月上旬作

原载1946年12月12日《新文化》
半月刊2卷11、12期合刊

一件烂棉袄

家传的一件烂棉袄,破到几乎不像棉袄了,棉絮露出来了,沾了灰尘垢污,同蓝布面子一样转成油光光的黑。

冷呀冷!风穿过棉袄的罅(xià)隙,刺着肩膀,刺着腋下,刺着背心,也刺着前胸。受不住呀,受不住呀,于是勉勉强强去买一件新的,这自然是为的要活。

古语云,"衣食足而后知礼义",现在脱一句调(仅仅脱调),新袄来而后摆架子。不行,不行,没有一件旧棉袄,没有一件烂棉袄,不就证明向来没有穿过棉袄吗?没有穿过棉袄,当然也没有穿过短衫,也没有穿过长袍,这不就是裸体吗?裸体是野蛮,比亡国奴更可耻;亡国奴犹可,一向是裸体,其辱不可堪。——这样想的时候,就庄重地把那件烂棉袄捡起来。

那件烂棉袄有历史呢。二十四世祖穿了它去吃邻村的喜酒,曾邀一位戴红花的大姑娘瞟过一眼;十八世祖请他的仇人吃清脆的巴掌,博得旁人一阵喝彩的时候,也正穿着它；除此以外，列代祖宗逢到婚丧喜庆总穿着它。仿佛觉得身躯扩大了，举高了，尽扩大，尽举高，巍巍乎，巍巍乎，俯视"你们"，俯视"他们"，何藐小乃尔！何低微乃尔！华胄是我，大国民是我，什么什么全是我，总之，好的都在我这里——于是重行披上那件烂棉袄；心情与先前不同了，似乎一点儿没有风，似乎穿着锦绣那样光辉。

一切的棉袄简直不在眼里，无论是新裁原旧，无论是杭纺湖绉，我有我的烂棉袄，尽够安身立命了。作诗曰：

我不想歌唱杭纺的柔软，
我不想歌唱丝棉的轻暖，
我不上衣庄也不找裁缝，
你穿得漂亮我也不爱看。

我有祖宗传下来的布棉袄，
它的历史那么长那么荣耀。
你有吗？你有吗？
拖一片，挂一块，胜过皇帝的龙袍。

风自然照旧穿过棉袄的罅隙,刺着身体的露出的部分。但是关什么紧要呢?耽了禅悦似的,早已"似乎一点儿没有风"了。而要活的事,在禅悦里本来是不成问题的,自可不提。

原载1925年5月10日《文学周报》第172期

苍　蝇

住在这里，第一件不如意的事要数苍蝇的纷扰了。晨光才露，我们还没有起来，就听见昏昏的嚷嚷之声。等到一开门，又扑头扑面地飞进许多新客，它们与隔宿留在这里的旧客合伙，于是嚷嚷之声使你心烦意乱，不知如何是好。

市上的苍蝇拍脆弱得可怜，用不到两三天便纱穿柄脱，只剩三四分的效用了。妻不愿意再买，自己去买了一方铁纱，手制成三个苍蝇拍；那铁纱颇结实，拿着虽觉重一些，而所向必能奏功，那是不待试验的。于是妻一个，母一个，孩子也是一个，捕蝇队居然组织起来了；别的都不管，一心一意只在于拍，拍，拍，差不多半天工夫才停手。地上的蝇尸足有一酒杯的容积，若在夸耀武功的人，这也足以"取其鲸鲵而封之，以为京观"了。又把吃饭的桌子、储菜的橱子以及地板都用水冲过抹过，以免招引未来的新客。这时候耳根特别清静，脸上手上也没有刺得痒痒的感觉，大家很安适。

但是，我家没有富翁准富翁家里所有的铁纱门窗。出进是不得不开门的，为要透气，窗又不得不开着；不多一会儿工夫，不招自至的新客又从门外窗外飞进来了。起初只略见几个在眼前掠过，继而就成轻微的营营，终于是不可堪的骚扰了。

于是捕蝇队继续努力，不休不歇，只是拍，拍，拍。

这样经过了三五天，妻觉得无聊了；几个人什么也不做，却一天到晚不得空，只是拿着这劳什子拍，拍，拍，算个什么呢！她提议改用捕蝇纸，以为这是以逸待劳，而且或许可以一网打尽的办法。那一天我到租界去，就买了几张捕蝇纸回来。

捕蝇纸上确乎粘住不少苍蝇，到处横飞的现象也似乎觉得好些。至于一网打尽，却还远之又远。那些苍蝇不飞到铺着蝇纸的地方去，犹如野兽在没有陷阱的地方逍遥，就奈何它们不得。有些已经走近了那纸的胶质，用口器或前脚轻轻去探一探，就振翅飞去了。看它们那样轻捷的姿态，似乎故意表示警觉与狡狯（kuài）。捕蝇纸对它们自然是失败了。为补救这等缺点起见，捕蝇队还是不能退伍，还是要常常拿起这劳什子来拍，拍，拍。

这个里在去年还是一片荒地，是粪尿废物的积聚所。苍蝇曾在这一片地上有过一段繁盛的历史，那是可想而知的。自从房屋落成，道路铺好以后，我想去冬未死的老苍蝇定有今昔之感了。幸而还有几个垃圾桶，它们可以在那里长养子孙，绵延族类。里中住户大概是"多一事不如少一事"之流，他们开了桶盖，倒了垃圾，转身就走，桶盖就让它开着。他们家里吃了饭或是瓜果，所有骨壳皮核渣滓之类就随手向门外丢，省却一番洒扫的麻烦。这对于苍蝇实在是无上功德：它们在垃圾桶里闷得慌，桶盖开着，就可以自由自在出来看看广大的世界；它们没有可口的东西吃，无谓游行也未必有趣，骨壳之类遍地，就无往而不写意了。安知那营营的声音里，它们不是在唱"被人类劫夺了的领土，现在光复了"的得胜歌呢。

　　我们觉得苍蝇可厌，希望它们不要来骚扰我们，根本的办法，自然在于做到这弄里没有苍蝇。简单想想，似乎这一点不难办到。凡是苍蝇的发祥地，如垃圾桶之类，都给它倒些杀虫药水；垃圾桶盖每开必关，骨壳之类一定要倒在垃圾桶内，以免游行的苍蝇饱吃和追逐；捕蝇拍和捕蝇纸家家必备，有飞进门来的，总不让它侥幸生还；这样，不消半个月工夫，就可以做到一个苍蝇都没有了——这算得难办的事么？

怎么能约齐家家户户一起合作呢？这似乎不成问题；我们想起了这办法，就由我们向邻居传说，这是最方便不过简单不过的。除尽了苍蝇，大家舒服，不光是我们一家受到好处，哪会有不赞成的道理？

但是，我们的经验开口了："不然，大不然。你劝他们把垃圾桶盖关了，他们说偏不高兴关，你怎么样？你劝他们不要把骨壳等物丢在路上，他们说偏爱这么丢，你怎么样？你劝他们扑灭苍蝇，买拍子，买灭蝇纸，他们说没有这等闲钱闲工夫，或者爽性回答你一句，他们不怕什么苍蝇，你又怎么样？所以约齐家家户户一起合作，不过是个梦想罢了！"

经验的那种老练的腔调每足使希望的心爽然若失；它这样说，我们的办法不就等于无法么？"这个里将永远是苍蝇的世界，"我们想，"澄清既无望，还是搬到别处地方，没有苍蝇的地方去住吧。"

但是，这实在是腐败的不道德的思想！我们搬走了，不是就有一家搬来住么？我们怕苍蝇，所以要搬走，却让给了后一家，难道他们就命该受苍蝇的累么？譬如吃一样东西，我们尝了一点儿，发现这是含毒的，就吐掉嘴里的，丢掉手里的，自顾自走开了。人家不知道，拣起地上的东西，无心地大嚼起来，结果不是牺牲一命，就是沉疴三月；这不是我们的罪恶么？所以凡是尝到了毒物，最正当的办法是先把毒物消灭净尽，再进一步，想法制成无毒有益的东西供大家吃；倘若舍此不图，就是腐败，就是不道德！而搬到别处去住的思想正与随手丢掉毒物的情形相仿佛，这怎么能要得！由此类推，住在上海地方的人说上海太污浊，须得离开它；住在中国地方的人说中国太不堪了，须得抛弃它，也同样是腐败的不道德的思想。唯其污浊，唯其不堪，我们一定要住在这里；使它干净，使它像样，是我们最低限度的责任；改造成个灿烂的上海，涌现出个庄严的中国，是我们进一步的努力。到了那个时候，情形又不同了；高兴住的当然住下，想换换空气的就不妨离开，因为与道德不道德的问题没有关系了。

　　话说开来了，现在回过来：总之，搬到别处去的办法是要不得的。那么，装起铁纱的门窗来，行么？我们并不主张还淳返朴，现在固然未必装得起，可是确乎希望有一天家家户户装起铁纱门窗来。然而，即使家家户户装起了铁纱门窗，若不从扑灭苍蝇这方面下手，苍蝇还是要猖狂的；它们进不进我们的居屋，就在路上扑头扑面地飞舞；偶尔闪了进来，就像进了养老院，终身隐居于此了。

至此，我们可以制定一句格言："我们嫌苍蝇讨厌，只有一法，就是扑灭它们。"

而单独扑灭之不能收效，我们的经历已经证明了；所以上面的格言还得修正为以下的说法："我们嫌苍蝇讨厌，只有一法，就是联合邻里共同扑灭它们。"

这真像苏州城外坐马车，绕了一个圈子，仍旧回到原地方了。我们的经验不是已经说过，这是个梦想么？

不错，我们的经验确曾这么说。但是，一切梦想如能不致发生，发生之后如能马上消散，那自然没有什么；设或不能，梦想在前头诱引着，我们在这里可望而不可即，总是一种莫名的懊丧。这只有奋力向前，终于跨进梦想的实境，把经验先生的见解修正一下，才能彻底排除这种懊丧。除此之外，再没有丝毫的办法，唯有终于懊丧而已。

所以我们要扑灭苍蝇，想联合邻里通力合作，虽然被经验先生嗤为梦想，我们却只有走这一条路。怀着梦想的既是我们，当然先由我们向邻里们一一传告。这当儿，"偏要这样，不高兴那样"的回声是必然会有的，但这算得了什么！给孩子们吃药，不是总回你个哭脸么？我们还是凭我们的真诚与理由，锲而不舍地向他们陈诉。总有一天，他们会觉得垃圾桶是非关不可的，骨壳等物是非当心收拾不可的，买蝇拍灭蝇纸并非浪费的开支，拍拍苍蝇并非无聊的消遣；总而言之，他们也觉得苍蝇是必须扑灭的了。于是通力合作，处处注意，不消半个月，苍蝇就可以销声绝迹。于是在这原先苍蝇猖狂的里中，也得享受没有一个苍蝇的欢乐。

这当然是大众的舒服。然而我们的得以享受这舒服，不得不感激邻里们的明达与努力；因为他们是我们仅有的伙伴，如果他们不明达不努力，灭尽苍蝇依然只是我们的梦想。

说了一大堆话，苍蝇还是三三五五在眼前飞舞着。但我们的路是决定了，其要旨如上述，今后就照此做去。

末了想蛇足地说一句：扑灭苍蝇是如此，扑灭类似苍蝇的任何事物，也是如此，唯有去找我们仅有的伙伴，唯有靠着伙伴们的明达与努力。

再蛇足一句：一个人如其不能够扑灭里弄的苍蝇，再也不用抱着扑灭类似苍蝇的东西的梦想了——因为无非徒然抱着个梦想而已。

1924年8月29日作

原载《文学旬刊》第137期

刺绣和缂丝①

最近在苏州参观江苏省工艺美术研究所。敞亮的工作室里，著名的金静芬老太太与好些中年妇女和女青年在那里刺绣，大多是赶制"七一"的献礼品。谁都像忘了自己似的，全神贯注在一上一下的针线上，使参观的人不敢轻轻地咳嗽一声，不敢让脚步有一点儿声音。"绷架"上或是大幅，或是小品，大幅几个人合作，小品一个人独绣。花线渐渐填充双钩的底稿，于是一只有神的眼睛出现了，一张娇艳的嫩叶出现了，层叠的峰峦显出了明暗，烂漫的花朵显出了阴阳。

大凡工艺美术的活儿，要是要求不高，竟可以说人人干得来。譬如刻图章，说容易真容易，阴文只要把字的笔画刻掉，阳文只要把字的笔画留着。有些小学生中学生爱找一块图章石买一把刻刀来玩儿，原由之一就

---

① 缂（kè）丝：我国特有的一种丝织手工艺。织成后，当空照视，有如镂刻而成。也叫"刻丝"。

在刻图章这么容易。但是要讲布局，要讲刀法，要讲整个图章的韵味，就连积年的老手也未必个个图章都能踌躇满志。刺绣这活儿，无非拿花线填充底稿而已，只要针针刺在界限上，线跟线不散开也不重叠，就成了，这还不容易？但是要讲选用花线颜色恰到好处，要讲丝毫不露针线痕迹，要讲整幅绣品站得起来，透出生气和活力，就跟画家画一幅惬心①之作一样，是不怎么容易的艺术造诣。有些绣品诚然平常，如演员身上穿的戏衣，如百货店柜台里陈列的椅垫枕套。我看江苏省工艺美术研究所完成的绣品，却几乎幅幅是惬心之作，是不用画笔而用针线画成的好画。在从前，谁绣出这么一两幅，人家就交口赞誉，称为"针神"了。而现在"针神"竟有这么多，静静地坐在那里刺绣的老年、中年、青年人全都是"针神"！百花齐放的时代啊！她们的成品在好些刺绣车间里是制作的楷模，在展览会和陈列馆里是引人注目的展品，在国际交往间是最受欢迎的礼物，需要那么多，因而经常供不应求。

新创的针法听说有好多种，没仔细打听，说不上来。研究所正在写稿子，总结种种经验，我很盼望早日

---

① 惬（qiè）心：满意。

成书问世，虽然完全隔行，也乐于知其梗概。一句话给我印象很深，说努力的方向在使画面富于立体感。的确，我们看见的旧时的佳绣，工致匀净有余，生动活泼不足，换句话说，就是缺少立体感。要画面富于立体感，就是说，绣品要超过旧时的佳绣，真够得上称为生动活泼的好画。这个方向定得好，见出革新的精神和追求的勇气。而摆在面前的绣品，几乎幅幅是好画，又可见新针法新经验已经起了作用，所谓富于立体感已经在艺术实践中做到了。刺绣固然不是垂绝之艺，可是一代一代传下来，艺术上的发展不怎么大。现在多数人集体钻研，共同实践，有意识地要它发展，发展果然极大，往后精益求精，前途何可限量。这儿我只是就苏绣而言，此外如湘绣广绣，虽然知道得很少，想必跟苏绣一样，近年来艺术上也有大发展，为历来所不及。

从刺绣我又联想到同属工艺美术的木刻水印术，十年来的发展多大啊！十年以前，表现北京荣宝斋最高造诣的是《北平笺谱》和《十竹斋笺谱》，到现在，《文苑图》和《夜宴图》的复制品挂在荣宝斋的橱窗里了。要不是亲眼看见，亲耳听说，很难相信从比较简单的笺谱发展到《文苑图》《夜宴图》那样要印几百次才完成的工笔绢画（《夜宴图》现在才复制一段，五段复制齐全，估计要印一千八百次），只有十年工夫。总而言之，各种工艺美术像是结伴合伙似的，赶在最近这十年间都来个大大的发展。这几乎不须列举若干个为什么，套用一句"其故可深长思矣"也就够了。

　　对于女青年，研究所规定常课，要她们练习绘画。这个措施极有意义。既然要用针线画画，练习用画笔画画自然有很大好处，从这中间通达画理，无论选线运针就都有另外一副眼光了。我知道在那里刺绣的老年、中年人，她们年青的时候没受过这种基本训练。她们从小学刺绣，无非练成个手艺，贴补些家用而已，精不精并非主要考虑的事，偶尔有几个人用力勤，用心专，天分又比较高些，才成为好手。现在不同于她们年青的时候了，刺绣是工艺美术之一，要学就非精不可，于是注重基本训练，借以保证人人能精。这是现在青年的好运气，也是刺绣艺术的好运气。

　　研究所里不仅刺绣一门，还有缂丝，象牙雕刻，黄杨浮刻，这几门也是制作兼研究，所以这机关叫做工艺美术研究所。现在光说缂丝。缂丝是始于宋代的一种丝织工艺，宋以来的缂丝佳作，现在在少数几个博物馆里还可以看到。在清代，苏州担负了皇家的织造任务，缂丝就在苏州流传，织工聚集在城北叫陆墓的小镇上，主要织造宫中所用的袍料。近几十年来，干这一行的越来越少了，知道什么叫缂丝的也不太多了，缂丝成为垂绝之艺了。一九五五年初冬我到苏州去，那时候刺绣合作社刚组织起来（就是研究所的前身），就从陆墓请来几位老艺人，让他们传授这个垂绝之艺，其中一位姓沈，七十多了。这一回没见着沈老，听说他还健康。堪喜的是现在不织什么袍料，而是继承着宋以来佳作的传统，织优秀的画幅了。更堪喜的是老一代培养年青一代，缂丝这一种工艺不仅保存下来，而且将像刺绣一样，老树枝上开出新鲜的花朵。

缂丝是怎么一回事呢？不妨拿刺绣来比较，刺绣是在现成的料子上加工，绣出图画或是文字，缂丝是在织作的时候织出图画或是文字，织料子织花纹一气呵成。缂丝又跟织彩缎文锦不一样。彩缎文锦也是织料子织花纹一气呵成的，因为图案有规则，彩色有限制，依靠纹工的事先安排，各色纬线一梭去一梭来，梭梭都径直穿过。缂丝可不一定织图案，彩色看稿样而定，譬如稿样是一幅花卉，彩色很复杂，每种彩色又有不同程度的深淡，缂丝都得照样织出来。这就不是纹工所能事先安排的了，只能把花卉画的轮廓描在经线上，用小梭子引着深淡不同的各色纬线，看准稿样的彩色一截一截地织，某一梭该三根经线宽就织三根经线，某一梭该五根经线宽就织五根经线。两脚踩着织机的踏板，牵动经线一上一下。一堆小梭子搁在旁边。手里拿个小铁箆挑起几根经线，就捡一个适当的小梭子穿过去，随即用小铁箆轻轻地把织上的纬线贴紧。整幅缂丝就是这样织成的，真是磨细了心思的工作。

我怀着这样一个愿望，把一些工艺美术的制作过程写下来，要写得清楚明白，让不知道的人仿佛亲眼看见了似的。这儿写缂丝，自己觉得未能满足这个愿望。这是了解不透彻，观察不细密的缘故，我很抱愧。

1961年6月17日作

原载《人民文学》6、7号合刊

昆　曲

昆曲本是吴方言区域里的产物，现今还有人在那里传习。苏州地方，曲社有好几个。退休的官僚，现任的善堂董事，从课业练习簿的堆里溜出来的学校教员，专等冬季里开栈收租的中年田主、少年田主，还有诸如此类的一些人，都是那几个曲社里的社员。北平并不属于吴方言区域，可是听说也有曲社，又有私家聘请了教师学习的，在太太们，能唱几句昆曲算是一种时髦。除了这些"爱美的"唱曲家偶尔登台串演以外，职业的演唱家只有一个班子，这是唯一的班子了，就是上海"大千世界"的"仙霓社"。逢到星期日，没有什么事来逼迫，我也偶尔跑去看他们演唱，消磨一个下午。

演唱昆曲是厅堂里的事。地上铺一方红地毯，就算是剧中的境界；唱的时候，笛子是主要的乐器，声音当然不会怎么响，但是在一个厅堂里，也就各处听得见了。搬上旧式的戏台去，即使在一个并不宽广的戏院子里，就不及平剧那样容易叫全体观众听清。如果搬上新式的舞台去，那简直没法听，大概坐在第五六排的人就只看见演员拂袖按鬓了。我不曾做过考据功夫，不知道什么时候开始有演唱昆曲的戏院子。从一些零星的记载看来，似乎明朝时候只有绅富家里养着私家的戏班子。《桃花扇》里有陈定生一班文人向阮大铖（chéng）借戏班子，要到鸡鸣埭（dài）上去吃酒，看他的《燕子笺》，也可以见得当时的戏不过是几十个人看看罢了。我十几岁的时候，苏州城外有演唱平剧的戏院子两三家，演唱昆曲的戏院子是不常有的，偶尔开设起来，开锣不久，往往因为生意清淡就停闭了。

昆曲彻头彻尾是士大夫阶级的娱乐品，宴饮的当儿，叫养着的戏班子出来演几出，自然是满写意的。而那些戏本子虽然也有幽期密约，盗劫篡（cuàn）夺，但是总要归结到教忠教孝，劝贞劝节，神佛有灵，人力微薄，这就除了供给娱乐以外，对于士大夫阶级也尽了相当的使命。就文词而言，据内行家说，多用词藻故实是不算希奇的，要像元曲那样亦文亦话才是本色。但是，即使像了元曲，又何尝能够句句像口语一样听进耳朵就明白？再说，昆曲的调子有非常迂缓的，一个字延长到十几拍，那就无论如何讲究辨音，讲究发声跟收声，听的人总之难以听清楚那是什么字了。所以，听昆曲先得记熟曲文；自然，能够通晓曲文里的故实跟词藻那就尤其有味。这又岂是士大夫阶级以外的人所能办到的？当初编撰戏本子的人原来不曾为大众设想，他们只就自己的天地里选一些材料，编成悲欢离合的故事，借此娱乐自己，教训同辈，或者发发牢骚。谁如果说昆曲太不顾到大众，谁就是认错了题目。

昆曲的串演，歌舞并重。舞的部分就是身体的各种动作跟姿势，唱到哪个字，眼睛应该看哪里，手应该怎样，脚应该怎样，都由老师傅传授下来，世代遵守着。动作跟姿势大概重在对称，向左方做了这么一个舞态，接下来就向右方也做这么一个舞态，意思是使台下的看客得到同等的观赏。譬如《牡丹亭》里的《游园》一出，杜丽娘小姐跟春香丫头就是一对舞伴，从闺中晓妆起，直到游罢回家止，没有一刻不是带唱带舞的，而且没有一刻不是两人互相对称的。这一点似乎比较平剧跟汉调来得高明。前年看见过一本《国剧身段谱》，详记平剧里各种角色的各种姿势，实在繁复非凡；可是我们去看平剧，就觉得演员很少有动作，如《李陵碑》里的杨老令公，直站在台上尽唱，两手插在袍甲里，偶尔伸出来挥动一下罢了。昆曲虽然注重动作跟姿势，也要演员能够体会才好，如果不知道所以然，只是死守着祖传来表演,那就跟木偶戏差不多。

昆曲跟平剧在本质上没有多大差别,然而后者比较适合于市民,而士大夫阶级已无法挽救他们的没落,昆曲恐将不免于淘汰。这跟麻将代替了围棋,豁拳①代替了酒令,是同样的情形。虽然有曲社里的人在那里传习,然而可怜得很,有些人连曲文都解不通,字音都念不准,自以为风雅,实际上却是薛蟠那样的哼哼,活受罪,等到一个时会到来,他们再没有哼哼的余闲,昆曲岂不将就此"绝响"?这也没有什么可惜,昆曲原不过是士大夫阶级的娱乐品罢了。

有人说,还有大学文科里的"曲学"一门在。大学文科分门这样细,有了诗,还有词,有了词,还有曲,有了曲,还有散曲跟剧曲,有了剧曲,还有元曲研究跟传奇研究,我只有钦佩赞叹,别无话说。如果真是研究,把曲这样东西看做文学史里的一宗材料,还它个本来面目,那自然是正当的事。但是人的癖性往往会因为亲近了某种东西,生出特别的爱好心情来,以为天下之道尽在于此。这样,就离开研究二字不止十里八里了。

---

① 豁拳:又称划拳、猜拳,是我国民间饮酒时用来助兴取乐的游戏。

我又听说某一所大学里的"曲学"一门功课，教授先生在教室里简直就教唱昆曲，教台旁边坐着笛师，笛声嘘嘘地吹起来，教授先生跟学生就一同嗳嗳嗳……地唱起来。告诉我的那位先生说这太不成话了，言下颇有点愤慨。我说，那位教授先生大概还没有知道，"仙霓社"的台柱子，有名的巾生顾传玠（jiè），因为唱昆曲没前途，从前年起丢掉本行，进某大学当学生去了。

这一回又是望道先生出的题目。真是漫谈，对于昆曲一点儿也没有说出中肯的话。

原载1931年11月20日《太白》第1卷3期

书　桌

　　十多年前寄居乡下的时候，曾经托一个老木匠做一张书桌。我并不认识这个老木匠，向当地人打听，大家一致推荐他，我就找他。

　　对于木材，我没有成见，式样也随便，我只要有一张可以靠着写写字的桌子罢了。他代我做主——用梧桐，因为他那里有一段梧桐，已经藏了好几年，干了。他又代我规定桌子的式样。两旁边的抽屉要多高，要不然装不下比较累赘的东西。右边只须做一只抽屉，抽屉下面该是一个柜子，安置些重要的东西，既见得稳当，取携又方便。左右两边里侧的板距离要宽些，要不然，两个膝盖时时触着两边的板，就感觉局促，不舒服。我样样依从了他，当时言明工料价六块钱。

　　过了一个星期，过了半个月，过了二十多天，不见他把新书桌送来。我再不能等待了，特地跑去问他。他指着靠在阴暗的屋角里的一排木板，说这些就是我那新书桌的材料。我不免疑怪，二十多天工夫，只把一段木头解了开来!

他看出我的疑怪,就用教师般的神情给我开导。说整段木头虽然干了,解了开来,里面还未免有点儿潮。如果马上拿来做家伙,不久就会出毛病,或者裂一道缝,或是接榫①处松了。人家说起来,这是某某做的"生活",这么脆弱不经用。他向来不做这种"生活",也向来没有受过这种指摘。现在这些木板,要等它干透了,才好动手做书桌。

他恐怕我不相信,又举出当地的一些人家来,某家新造花厅,添置桌椅,某家小姐出阁准备嫁妆,木料解了开来,都搁在那里等待半年八个月再上手呢。"先生,你要是有工夫,不妨到他们家里去看看,我做的家伙是不容它出毛病的。"他说到"我做的家伙",黄浊的眼睛放射出夸耀的光芒,宛如文人朗诵他的得意作品时候的模样。

我知道催他快做是无效的,好在我并不着急,也就没说什么催促的话。又过了一个月,我走过他门前,顺便进去看看。一张新书桌站在墙边了,近乎乳白色的板

---

① 榫(sǔn):制作以木、竹为原材料的器物时,为使两块材料接合所特制的凸凹部分。凸出的叫榫头,凹下的叫榫眼。

面显出几条年轮的痕迹。老木匠正弯着腰,几个手指头抵着一张"沙皮",在摩擦那安抽屉的长方孔的边缘。

我说再过一个星期,大概可以交货了吧。他望望屋外的天,又看看屋内高低不平的泥地,摇头说:"不行。这样干燥的天气,怎么能上漆呢?要待转了东南风,天气潮湿了,上漆才容易干,才可以透入木头的骨子里去,不会脱落。"

此后下了五六天的雨。乡下的屋子,室内铺着方砖,每一块都渗出水来,像劳工背上淌着汗。无论什么东西,手触上去总觉得黏黏的。穿在身上的衣服也散发出霉蒸气。我想,我的新书桌该在上漆了吧。

又过了十多天,老木匠带同他的徒弟把新书桌抬来了。栗壳色,油油地发着光亮,一些陈旧的家具有它一比更见得黯淡失色了。老木匠问明了我,就跟徒弟把书桌安放在我指定的地位。只恐徒弟不当心,让桌子跟什么东西碰撞,因而擦掉一点儿漆或是划上一道纹路,他连声发出"小心呀""小心呀"的警告。直到安放停当了,他才松爽地透透气,站远一点儿,用一只手摸着长着灰色短须的下巴,悠然地鉴赏他的新作品。我交给他六块钱,他随便看了一眼就握在手心里,眼光重又回到他的新作品上。最后他说:"先生,你用用看,用了些时，你自然会相信我做的家伙是可以传子孙的。"他说到"我做的家伙"，夸耀的光芒又从他那黄浊的眼睛放射出来了。

以后十年间，这张书桌一直跟着我迁徙。搬运夫粗疏的动作使书桌添上不少纹路，但是依旧很结实，接榫处没有一点儿动摇。直到"一·二八"战役，才给毁坏了。大概是日本军人刺刀的功绩。以为锁着的柜子里藏着什么不利于他们的东西，前面一刀，右侧一刀，把两块板都划破了。左边只有三只抽屉，都没有锁，原可以抽出来看看的。大概因为军情紧急吧，没有一只一只抽出来看的余裕，就把左侧的板也划破了，而且拆了下来，丢在一旁。

事后我去收拾残余的东西。看看这张相守十年的书桌，虽然像被残害的尸体一样，肚肠心肺都露出来了，可是还舍不得就此丢掉。于是请一个木匠来，托他修理。木匠说不用抬回去，下一天带了材料和家伙来修理就是了。

第二天下午，我放工回家，木匠已经来过，书桌已经修理好了。真是看了不由得生气的修理！三块木板刨也没刨平。边缘并不嵌入木框的槽里，只用几个一寸钉把木板钉在木框的外面。涂的是窑煤似的黑漆，深一搭,淡一搭,仿佛还没有刷完工的黑墙头。工料价已经领去,大洋一块半。

我开始厌恶这张书桌了。想起制造这张书桌的老木匠,他那种一丝不苟的态度,简直使缺少耐性的人受不住,然而他做成的家伙却是无可批评的。同样是木匠,现在这一个跟老木匠比起来,相差太远了。我托他修理,他就仅仅按照题目做文章,还我一个修理。木板破了,他给我钉上不破的。原来涂漆的,他也给我涂上些漆。这不是修理了么?然而这张书桌不成一件家伙了。

同样的事在上海时时会碰到。从北京路那些木器店里买家具,往往在送到家里的时候就擦去了几处漆,划上了几条纹路。送货人有他的哲学。你买一张桌子,四把椅子,总之送给你一张桌子,四把椅子,绝不短少一件。擦去一点儿漆,划上几条纹路,算得什么呢!这种家具使用不久,又往往榫头脱出了,抽屉关不上了,叫你看着不舒服。你如果去向店家说话,店家又有他的哲学给你作答。这些家具在出门的时候都是好好的,总之他们没有把破烂的东西卖给你。至于出门以后的事,谁管得了!这可以叫做"出门不认货"主义。

又譬如冬季到了,你请一个洋铁匠来给你装火炉。火炉不能没有通气管子,通气管子不能没有支持的东西，他就横一根竖一根地引出铅丝去，钉在他认为着力的地方。"达，达，达"，一个钉子钉在窗框上。"达，达，达"，一个钉子钉在天花板上。"达，达，达"，一个钉子钉在墙壁上。可巧碰着了砖头，钉不进去，就换个地方再钉。然而一片粉刷已经掉了下来，墙壁上有了伤疤了。也许钉了几回都不成功，他就凿去砖头，嵌进去一块木头。这一回当然钉牢了，然而墙壁上的伤疤更难看了。等到他完工，你抬起头来看，横七竖八的铅丝好似被摧残的蜘蛛网，曲曲弯弯伸出去的洋铁管好似一条呆笨的大蛇，墙壁上散布的伤疤好像谁在屋子里乱放过一阵手枪。即使火炉的温暖能给你十二分舒适，看着这些，那舒适不免要打折扣了。但是你不能怪洋铁匠，他所做的并没有违反他的哲学。你不是托他装火炉吗？他依你的话把火炉装好了，还有什么好说呢？

倘若说乡下那个老木匠有道德，所以对工作不肯马虎，上海的工匠没有道德，所以只图拆烂污，出门不认货，不肯为使用器物的人着想，这未免是拘墟之见。我想那个老木匠，当他幼年当徒弟的时候，大概已经从师父那里受到熏陶，养成了那种一丝不苟的态度了吧。而师父的师父也是这么一丝不苟的，从他的徒孙可以看到他的一点儿影像。他们所以这样，为的是当地只有这么些人家做他们永远的主顾,这些人家都是相信每一件家伙预备传子孙的,自然不能够潦潦草草对付过去。乡下地方又很少受时间的催迫。女儿还没订婚,嫁妆里的木器却已经在置办了。定做了一件家具,今天拿来使用跟下一个月拿来使用,似乎没有什么分别,甚至延到明年拿来使用也不见得怎样不方便。这又使他们尽可以耐着性儿等待木料的干燥和天气的潮湿。更因主顾有限,手头的工作从来不会拥挤到忙不过来。他们这样从从容容,细磨细琢,一半自然是做"生活",一半也就是消闲寄兴的玩意儿。在这样情形之下做成的东西,固然无非靠此换饭吃,但是同时是自己精心结撰的制作,不能不对它发生珍惜爱护的心情。总而言之,是乡下的一切生活方式形成了老木匠的那种态度。

都市地方可不同了。都市地方的人口是流动的,同一手艺的作场到处都有,虽不能说没有老主顾,但像乡下那样世世代代请教某一家作场的老主顾却是很少的。一个工匠制造了一件家具,这件家具将归什么人使用,他无从知道。一个主顾跑来,买了一两件东西回去,或是招呼到他家里去为他做些工作,这个主顾会不会再来第二回,在工匠也无从预料。既然这样,工作潦草一点儿又何妨?而且,都市地方多的是不嫌工作潦草的人。

每一件东西预备传子孙的观念,都市中人早已没有了(他们懂得一个顶扼要的办法,就是把钱传给子孙,传了钱等于什么都传下去了)。代替这个观念的是想要什么立刻有什么。住亭子间的人家新搬家,看看缺少一张半桌,跑出去一趟,一张半桌载在黄包车上带回来了,觉得很满意。住前楼的文人晚上写稿子,感到冬天的寒气有点儿受不住,立刻请个洋铁匠来,给装上个火炉。生起火炉来写稿子,似乎文思旺盛得多。富翁见人家都添置了摩登家具,看看自己家里还一件也没有,相形之下不免寒碜(chen),一个电话打出去,一套摩登家具送来了。陈设停当之后,非常高兴,马上打电话招一些朋友来叙叙。年轻的小姐被邀请去当女傧相①了,非有一身"剪刀口里"的新装不可。跑到服装公司里,一阵的挑选和叮嘱,质料要时髦,缝制要迅速。临到当女傧相的时刻,心里又骄傲又欢喜,仿佛满堂宾客的眼光一致放弃了新娘而集中在她一个人身上似的。当然,"想要什么"而不能"立刻有什么"的人居大多数,为的是钱不凑手。现在单说那些想要什么立刻有什么的,他们的满足似乎只在"立刻有什么"上,要来的东西是否坚

---

① 女傧(bīn)相:指陪伴新娘行婚礼的女子。

固结实，能够用得比较长久，他们是不问的。总之，他们都是不嫌工作潦草的人。主顾的心理如此，工匠又何苦一定要一丝不苟？都市地方有一些大厂家，设着验工的部分，检查所有的出品，把不合格的剔出来，不让它跟标准出品混在一起，因而他们的出品为要求形质并重的人所喜爱。但是这种办法是厂主为要维持他那"牌子"的信用而想出来的，在工人却是一种麻烦。如果手制的货品被认为不合格，就有罚工钱甚至停工的灾难。现在工厂里的工人再也不会把手制的货品看作艺术品了。他们只知道货品是玩弄他们生命的怪物，必须服侍了它才有饭吃，可是无论如何也吃不饱——工人的这种态度和观念，也是都市地方的一切生活方式形成的。

近年来乡下地方正在急剧地转变，那个老木匠的徒弟大概要跟他的师父以及师父的师父分道扬镳了。

原载1937年8月1日《文学》第9卷2号

三种船

　　一连三年没有回苏州去上坟了。今年秋天有点儿空闲，就去上一趟坟。上坟的意思无非是送一点钱给看坟的坟客，让他们知道某家的坟还没有到可以盗卖的地步罢了。上我家的坟得坐船去。苏州人上坟向来大都坐船，天气好，逃出城圈子，在清气充塞的河面上畅快地呼吸一天半天，确是非常舒服的事。这一趟我去，雇的是一条熟识的船。涂着的漆差不多剥光了，窗框歪斜，平板破裂，一副残废的样子。问起船家，果然，这条船几年没有上岸修理了。今年夏季大旱，船只好胶住在浅浅的河浜（bāng）里，哪里还有什么生意，又哪里来钱上岸修理。就是往年，除了春季上坟，船也只有停在码头上迎晓风送夕阳的份儿。近年来到各乡各镇去，都有了小轮船，不然，可以坐绍兴人的"当当船"，也不比小轮船慢，而且价钱都很便宜。如果没有上坟这件事，苏州城里的船恐怕只能劈做柴烧了。而上坟的事大概是要衰落下去的，就像我，已经改变为三年上一趟坟了。

苏州城里的船叫做"快船"，与别地的船比起来，实在是并不快的。因为不预备经过什么长江大湖，所以吃水很浅，船底阔而平。除了船头是露天以外，分作头舱、中舱和艄篷三部分。头舱可以搭高，让人站直不至于碰头顶。两旁边各有两把或者三把小巧的靠背交椅，又有小巧的茶几。前檐挂着红绿的明角灯，明角灯又挂着红绿的流苏。踏脚的是广漆的平板，一般是六块，由横的直的木条承着。揭开平板，下面是船家的储藏库。中舱也铺着若干块平板，可是差不多贴着船底，所以从头舱到中舱得跨下一尺多。中舱两旁边是两排小方窗，上面的一排可以吊起来，第二排可以卸去，以便靠着船舷眺望。以前窗子都配上明瓦，或者在拼凑的明瓦中间镶这么一小方玻璃，后来玻璃来得多了，就完全用玻璃。中舱与头舱、艄篷分界处都有六扇书画小屏门，上方下方装在不同的几条槽里，要开要关，只须左右推移。书画大多是金漆的，无非"寒雨连江夜入吴"，"月落乌啼霜满天"以及梅兰竹菊之类。中舱靠后靠右搁着长板，供客憩坐。如果过夜，只要靠后多拼一两条长板，就可以摊被褥。靠左当窗放一张小方桌，方桌旁边四张小方凳。如果在小方桌上放上圆桌面，十来个人就可以聚餐。靠后靠右的长板以及头舱的平板都是座头，小方凳摆在角落里凑数。末了儿说到艄篷，那是船家整个的天地。艄篷同头舱一样，平板以下还有地位，放着锅灶碗橱以及铺盖衣箱种种东西。揭开一块平板，船家就蹲在那里切肉煮菜。此外是摇橹人站着摇橹的地方。橹左右各一把，每把由两个人服事，一个当橹柄，一个当橹绳。船家如果有小孩，走不来的躺在困桶里，放在翘起的后艄，能够走的就让他在那里爬，拦腰一条绳拴着，系在篷柱上，以防跌到河里去。后艄的一旁露出四条棍子，一顺地斜并着，原来大概是护船的武器，后来转变成装饰品了。全船除着水的部分以外，窗门板柱都用广漆，所以没有其他船上常有的那种难受的桐油气味。广漆的东西容易擦干净，船旁边有的是水，只要船家不懒惰，船就随时可以明亮爽目。

从前，姑奶奶回娘家哩，老太太看望小姐哩，坐轿子嫌吃力，就唤一条快船坐了去。在船里坐得舒服，躺躺也不妨，又可以吃茶，吸水烟，甚至抽大烟。只是城里的河道非常脏，有人家倾弃的垃圾，有染坊里放出来的颜色水，淘米、净菜、洗衣服、涮马桶又都在河旁边干，使河水的颜色和气味变得没有适当的字眼可以形容。有时候还浮着肚皮胀得饱饱的死猫或者死狗的尸体。到了夏天，红里子、白里子、黄里子的西瓜皮更是洋洋大观。苏州城里河道多，有人就说是东方的威尼斯。威尼斯像这个样子，又何足羡慕呢？这些，在姑奶奶、老太太等人是不管的，只要小天地里舒服，以外尽不妨马虎，而且习惯成自然，那就连抬起手来按住鼻子的力气也不用花。城外的河道宽阔清爽得多，到附近的各乡各镇去，或逢春秋好日子游山玩景，以及干那宗法社会里的重要事项——上坟，唤一条快船去当然最为开心。船家做的菜是菜馆比不上的，特称"船菜"。正式的船菜花样繁多，菜以外还有种种点心，一顿吃不完。非正式地做几样也还是精，船家训练有素，出手总不脱船菜的风格。拆穿了说，船菜所以好就在于只准备一席，小镬（huò）小锅，做一样是一样，汤水不混和，材料不马虎，自然每样有它的真味，叫人吃完了还觉得馋涎欲滴。倘若船家进了菜馆里的大厨房，大镬炒虾，大锅煮鸡，那也一定会有坍台的时候的。话得说回来，船菜既然好，坐在船里又安舒，可以眺望，可以谈笑，玩它个夜以继日，于是快船常有求过于供的情形。那时候，游手好闲的苏州人还没有识得"不景气"的字眼，脑子里也没有类似"不景气"的想头，快船就充当了适应时机的幸运儿。

除了做船菜，船家还有一种了不得的本领，就是相骂。相骂如果只会防御，不会进攻，那不算稀奇。三言两语就完，不会像藤蔓似的纠缠不休，也只能算次等角色。纯是常规的语法，不会应用修辞学上的种种变化，那就即使纠缠不休也没有什么精彩。船家与人家相骂起来，对于这三层都能毫无遗憾，当行出色。船在狭窄的河道里行驶，前面有一条乡下人的柴船或者什么船冒冒失失地摇过来，看去也许会碰撞一下，船家就用相骂的口吻进攻了，"你瞎了眼睛吗？这样横冲直撞是不是去赶死？"诸如此类。对方如果有了反响，那就进展到纠缠不休的阶段，索性把摇橹撑篙的手停住了，反复再四地大骂，总之错失全在对方，所以自己的愤怒是不可遏制的。然而很少骂到动武，他们认为男人盘辫子女人扭胸脯不属于相骂的范围。这当儿，你得欣赏他们的修辞的才能。要举例子，一时可记不起来，但是在听到他们那些话语的时候，你一定会想，从没有想到话语可以这么说的，然而唯有这么说，才可以包含怨恨、刻毒、傲慢、鄙薄种种成分。编辑人生地理教科书的学者只怕没有想到吧，苏州城里的河道养成了船家相骂的本领。

　　他们的摇船技术是在城里的河道训练成功的，所以长处在于能小心谨慎，船与船擦身而过，彼此绝不碰撞。到了城外去，遇到逆风固然也会拉纤，遇到顺风固然也会张一扇小巧的布篷,可是比起别种船上的驾驶人来,那就不成话了。他们敢于拉纤或者张篷的时候,风一定不很大,如果真个遇到大风,他们就小心谨慎地回复你,今天去不成。譬如我去上坟必须经过石湖,虽然吴瞿安先生曾作诗说石湖"天风浪浪"什么什么以及"群山为我皆低昂",实在是个并不怎么阔大的湖面,旁边只有一座很小的上方山,每年阴历八月十八,许多女巫都要上山去烧香的。船家一听说要过石湖就抬起头来看天,看有没有起风的意思。到进了石湖的时候,脸色不免紧张起来,说笑都停止了。听得船头略微有汩汩的声音,就轻轻地互相警戒:"浪头!浪头!"有一年我家去上坟,风在十点过后大起来,船家不好说回转去,就坚持着不过石湖。这一回难为了我们的腿,来回跑了二十里光景才上成了坟。

现在来说绍兴人的"当当船"。那种船上备着一面小铜锣,开船的时候就当当当当敲起来,算是信号,中途经过市镇,又当当当当敲起来,招呼乘客,因此得了这奇怪的名称。我小时候,苏州地方没有那种船。什么时候开头有的,我也说不上来。直到我到甪直去当教师,才与那种船有了缘。船停泊在城外,据传闻,是与原有的航船有过一番斗争的。航船见它来抢生意,不免设法阻止。但是"当当船"的船夫只知道硬干,你要阻止他们,他们就与你打。大概交过了几回手吧,航船夫知道自己不是那些绍兴人的敌手,也就只好用鄙夷的眼光看他们在水面上来去自由了。中间有没有立案呀登记呀这些手续,我可不清楚,总之那些绍兴人用腕力开辟了航线是事实。我们有一句话,"麻雀豆腐绍兴人",意思是说有麻雀豆腐的地方也就有绍兴人,绍兴人与麻雀豆腐一样普遍于各地。试把"当当船"与航船比较,就可以证明绍兴人是生存斗争里的好角色,他们与麻雀豆腐一样普遍于各地,自有所以然的原因。这看了后文就知道,且让我把"当当船"的体制叙述一番。

"当当船"属于"乌篷船"的系统,方头,翘尾巴,穹形篷,横里只够两个人并排坐,所以船身特别见得长。船旁涂着绿釉,底部却涂红釉,轻载的时候,一道红色露出水面,与绿色作强烈的对照。篷纯黑色。舵或红或绿,不用,就倒插在船艄,上面歪歪斜斜标明所经乡镇的名称,大多用白色。全船的材料很粗陋,制作也将就,只要河水不至于灌进船里就成,横一条木条,竖一块木板,像破衣服上的补缀一样,那是不在乎的。我们上旁的船,总是从船头走进舱里去。上"当当船"可不然,我们常常踩着船边,从推开的两截穹形篷中间把身子挨进舱里去,这样见得爽快。大家既然不欢喜钻舱门,船夫有人家托运的货品就堆在那里,索性把舱门堵塞了。可是踩船边很要当心。西湖划子的活动不稳定,到过杭州的人一定有数,"当当船"比西湖划子大不了多少,它的活动不稳定也与西湖划子不相上下。你得迎着势,让重心落在踩着船边的那只脚上,然后另一只脚轻轻伸下去,点着舱里铺着的平板。进了舱你就得坐下来。两旁靠船边搁着又狭又薄的长板就是座位,这高出铺着的平板不过一尺光景,所以你坐下来就得耸起你的两个膝盖,如果对面也有人,那就实做"促膝"了。背心可以靠在船篷上,躯干最好不要挺直,挺直了头触着篷顶,你不免要起局促之感。先到的人大多坐在推开的两截穹形篷的空当里,这里虽然是出入要道,时时有偏过身子让人家的麻烦,却是个优越的位置,透气,看得见沿途的景物,又可以轮流把两臂搁在船边,舒散舒散久坐的困倦。然而遇到风雨或者极冷的天气,船篷必须拉拢来,那位置也就无所谓优越,大家一律平等,埋没在含有恶浊气味的阴暗里。

"当当船"的船夫差不多没有四十以上的人,身体都强健,不懂得爱惜力气,一开船就拼命划。五个人分两边站在高高翘起的船艄上,每人管一把橹,一手当橹柄，一手当橹绳。那橹很长，比旁的船上的橹来得轻薄。当推出橹柄去的时候，他们的上身也冲了出去，似乎要跌到河里去的模样。接着把橹柄挽回来，他们的身子就往后顿，仿佛要坐下来似的。五把橹在水里这样强力地划动，船身就飞快地前进了。有时在船头加一把桨，一个人背心向前坐着，把它扳动，那自然又增加了速率。只听得河水活活地向后流去，奏着轻快的调子。船夫一边划船，一边随口唱绍兴戏，或者互相说笑，带有绍兴风味的幽默谐语，因此，他们就忘记了疲劳，而旅客也得到了解闷的好资料。他们又喜欢与旁的船竞赛，看见前面有一条什么船，船家摇船似乎很努力，他们中间一个人发出号令说"追过它"，其余几个人立即同意，推呀挽呀分外用力，身子一会儿冲出去，一会儿倒仰过来，好像忽然发了狂。不多时果然把前面的船追过了，他们才哈哈大笑，庆贺自己的胜利，同时回复到原先的速率。由于他们划得快，比较性急的人都欢喜坐他们的船，譬如从苏州到甪直是"四九路"（三十六里），同样地划，航船要六个钟头，"当当船"只要四个钟头，早两个钟头上岸，即使不想赶做什么事，身体究竟少受些拘束，何况船价同样是一百四十文，十四个铜板。（这是十五年前的价钱，现在总该增加了。）

风顺,"当当船"当然也张风篷。风篷是破衣服、旧挽联、干面袋等等材料拼凑起来的,形式大多近乎正方。因为船身不大,就见得篷幅特别大,有点儿不相称。篷杆竖在船头舱门的地位,是一根并不怎么粗的竹头,风越大,篷杆越弯,把袋满了风的风篷挑出在船的一边。这当儿,船的前进自然更快,听着哗哗的水声,仿佛坐了摩托船。但是胆子小点儿的人就不免惊慌,因为船的两边不平,低的一边几乎齐水面,波浪大,时时有水花从舱篷的缝里泼进来。如果坐在低的一边,身体被动地向后靠着,谁也会想到船一翻自己就最先落水。坐在高的一边更得费力气,要把两条腿伸直,两只脚踩紧在平板上,才不至于脱离座位,跌扑到对面的人的身上去。有时候风从横里来,他们也张风篷,一会儿篷在左边,一会儿调到右边,让船在河面上尽画曲线。于是船的两边轮流地一高一低,旅客就好比在那里坐幼稚园里的跷跷板,"这生活可难受",有些人这样暗自叫苦。然而"当当船"很少失事,风势真个不对,那些船夫还有硬干的办法。有一回我到甪直去,风很大,饱满的风篷几乎蘸着水面,虽然天气不好,因为船行非常快,旅客都觉得高兴,后来进了吴淞江,那里江面很阔,船沿着"上风头"的一边前进。忽然呼呼地吹来更猛烈的几阵风,风篷着了湿重又离开水面。旅客连"哎哟"都喊不出来,只把两只手紧紧地支撑着舱篷或者坐身的木板。扑通,扑通,三四个船夫跳到水里去了。他们一齐扳住船的高起的一边,待留在船上的船夫把风篷落下来,他们才水淋淋地爬上船艄,湿了的衣服也不脱,拿起橹来就拼命地划。

说到航船,凡是摇船的跟坐船的差不多都有一种哲学,就是"反正总是一个到"主义。反正总是一个到,要紧做什么?到了也没有烧到眉毛上来的事,慢点儿也没啥。所以,船夫大多衔着一根一尺多长的烟管,闭上眼睛,偶尔想到才吸一口,一管吸完了,慢吞吞捻了烟丝装上去,再吸第二管。正同"当当船"相反,他们中间很少四十以下的人。烟吸畅了,才起来理一理篷索,泡一壶公众的茶。可不要当作就要开船了,他们还得坐下来谈闲天。直到专门给人家送信带东西的"担子"回了船,那才有点儿希望。好在坐船的客人也不要不紧,隔十多分钟二三十分钟来一个两个,下了船重又上岸,买点心哩,吃一开茶哩,又是十分或一刻。有些人买了烧酒、豆腐干、花生米来,预备一路独酌。有些人并没有买什么,可是带了一张源源不绝的嘴,还没有坐定就乱攀谈,挑选相当的对手。在他们,迟些到实在不算一回事，就是不到又何妨。坐惯了轮船火车的人去坐航船，先得做一番养性的功夫，不然，这种阴阳怪气的旅行，至少会有三天的闷闷不乐。

航船比"当当船"大得多，船身开阔，舱作方形，木制，不像"当当船"那样只用芦席。艄篷也宽大，雨落太阳晒，船夫都得到遮掩。头舱、中舱是旅客的区域。头舱要盘膝而坐。中舱横搁着一条条长板，坐在板上，小腿可以垂直。但是中舱有的时候要装货，豆饼菜油之类装满在长板下面，旅客也只得搁起了腿坐了。窗是一块块的板，要开就得卸去，不卸就得关上。通常两旁各开一扇，所以坐在舱里那种气味未免有点儿难受。坐得无聊，如果回转头去看艄篷里那几个老头子摇船，就会觉得自己的无聊才真是无聊。他们一推一挽距离很小，仿佛全然不用力气，两只眼睛茫然望着岸边，这样地过了不知多少年月，把踏脚的板都踏出脚印来了，可是他们似乎没有什么无聊，每天还是走那老路，连一棵草一块石头都熟识了的路。两相比较，坐一趟船慢一点儿闷一点儿又算得什么。坐航船要快，只有巴望顺风。篷杆竖在头舱与中舱之间，一根又粗又长的木头。风篷极大，直拉到杆顶，有许多竹头横撑着，吃了风，巍然地推进，很有点儿气派。风最大的日子，苏州到甪直三点半钟就吹到了。但是旅客究竟是"反正总是一个到"主义者,虽然嘴里嚷着"今天难得",另一方面却似乎嫌风太大船太快了,跨上岸去,脸上不免带点儿怅然的神色。遇到顶头逆风航船就停班,不像"当当船"那样无论如何总得用人力去拼。客人走到码头上,看见孤零零的一条船停在那里,半个人影儿也没有,知道是停班,就若无其事地回转身。风总有停的日子,那么航船总有开的日子。忙于寄信的我可不能这样安静,每逢校工把发出的信退回来,说今天航船不开,就得担受整天的不舒服。

原载1934年12月20日《太白》第1卷7号

假 山

佩弦到苏州来,我陪他看了几个花园。花园都有假山,作为园子的主要部分。假山下大都是荷花池。亭台轩榭(xiè)之类就环拱着假山和池塘布置起来。佩弦虽是中年人,而且身子比较胖,却还有小孩的心性,看见假山总想爬。我是幼年时候爬熟了这几座假山了,现在再没有这种兴致,只是坐定在一处地方对着假山看看而已。

假山实在算不得一件好看的东西。乱石块堆叠起来,高高低低,凹凹凸凸,且不说天下决没有这样的山,单说阳光照在上面,明一块,暗一块,支离破碎,看去总觉得不顺眼。石块与石块的胶粘处不能不显出一些痕迹,旧了的还好,新修的用了水门汀,一道道僵白色真令人难受。玄墓山下有一景,叫做"真假山",是山脚露出一些石块,有洞穴,有皱襞①。宛如用湖石堆

---

① 皱襞(zhòu bì):褶儿,皱纹。

成的一般。胶粘的痕迹自然没有，走近去看还可以鉴赏山石的"皱法"。然而合着玄墓山一起看，这反而成为一个破绽，跟全山的调子不协调。可观的"真假山"，依我的浅见，要算太湖中洞庭西山的石公山了。那里全山是湖石，洞穴和皱襞俯拾即是，可是浑然一气。又有几十丈高的幛壁，比虎丘"千人石"大得多的石滩，真当得上"雄奇"二字。看了石公山再来看花园里的假山，只觉得是不知哪一个石匠把他的石料寄存在这里罢了。

假山上大都种树木，盖亭子。往往整个假山都在树木的荫蔽之下，而株数并不多，少的简直只有一株。亭子里总得摆一张石桌，可以围坐几个人，一座亭子镇压着整个所谓"山峰"也是常有的事。这就显得非常不相称。你着眼在山一方面，树木和亭子未免太大了，如果着眼在树木和亭子一方面，山又未免小得可笑了。《浮生六记》里的《闲情记趣》开头说：

留蚊于素帐中，徐喷以烟，使之冲烟而飞鸣，作青云白鹤观，果如鹤唳云端，怡然称快。于土墙凹凸处，花台小草丛杂处，常蹲其身，使与台齐，定神细观。以丛草为林，以虫蚁为兽，以土砾凸者为邱，凹者为壑，神游其中，怡然自得。

这不失为很好的幻想。作者所以能"怡然称快""怡然自得"，在乎比拟得相称。以烟为云，自不妨以蚊为鹤；以丛草为树林，以土砾为邱壑，自不妨以虫蚁为走兽。假若在蚊帐中"徐喷以烟"，而捕一只麻雀来让它逃来逃去，或者以丛草为树林，而让一只猫蹲在丛草之上，这就凝不成"青云白鹤"和"林壑幽深"的幻想，也就无从"怡然"了。假山上长着大树，盖着亭子，情形正跟上面所说的相类。不相称的东西硬凑在一起，只使人觉得是大树长在乱石堆上，亭子盖在乱石堆上而已。

据说假山在花园中起障蔽的作用。如果全园的景物一目了然，东边望得到西边，南边望得到北边，那就太不曲折，太没有深致了。有假山障蔽着，峰回路转，又是一番景象，这才引人入胜。这个话当然可以承认，而且有一些具体的例子证明这个作用的价值。顾家的怡园，靠西一带假山把全园的景物遮掩了，你走到假山的西边去，回廊和旱船显得异常幽静，假山下的一湾水好像是从远处的泉源通过来的（其实就是荷花池中的水），引起你的遐想。还有，拙政园的进园处类似从前衙署中的二门，如果门内留着空旷处所，从园中望出来就非常难看。当初设计的人为弥补这个缺陷，在门内堆了一座假山，使你身在园中简直看不见那一道门。可见假山的障蔽作用确有它的价值。然而障蔽不一定要用假山。在园林建筑上，花墙极受重视，也为它的障蔽作用。墙上砌成各式各样的镂空图案，透着光，约略看得见隔墙的景物。这种"隔而不隔"的手法，假若使用得适当，比较堆假山作障蔽更有意思。此外，丛树也可以作障蔽之用。修剪得法，一丛树木还可以当一幅画看。用假山，固然使花园增加了曲折和深致，但是也引起了一堆乱石之感。利弊相较，孰轻孰重，正难断言。

依传统说法，假山并不重在真有山林之趣，假山本来是假山。路径的盘曲，层次的繁复，凡是山上所有的景物，如绝壁，危梁，岩洞，石屋，应有尽有，正合"麻雀虽小，五脏俱全"的谚语，在这等地方，显出设计的人的匠心。而假山的可贵也就在此。有名的狮子林，大家都说它了不起，就因为那假山具有上面所说的那些条件。我小时候还没到过狮子林，长辈告诉我说，那里的假山曲折得厉害，两个人同在山上，看也看得见，手也握得着，但是他们要走到一条路上，还得待小半天呢。后来我去了，虽然不至于小半天，走走的确要好些时间。沿着高下屈曲的路径走,一路上遇见些"具体而微"的山上应有的景物。总之是层次多,阻隔多。就从这个诀窍,产生了两个人看得见而不能立刻碰头的效果。要堆这样一座假山当然不是容易事,不比建筑整整齐齐的房屋,可以预先打好平面和剖面的图样。这大概是全凭胸中的一点意象,堆上了,看看不对就卸下,卸下了,想停当了,再堆上,这样精心经营,直到完工才得休歇。然而不容易的事不一定做成功就一定具有艺术价值。在芝麻大的一粒象牙上刻一篇《陋室铭》,难是难极了,可是这东西终于是工匠的制品,无从列入艺术之林。你在假山上爬来爬去,只觉得前后左右都是石块,逼窄得很。遇见一些峭壁悬崖,你得设想自己缩到一只老鼠那样小才有味。如果你忘不了自己是个人,让躯体跟峭壁悬崖对照,那就像走进了小人国一般,峭壁悬崖再没有什么气魄,只见得滑稽可笑了。爬到"绝顶"的时候,且不说一览宇宙之大,你总要想来一下宽广的眺望吧。但是糟得很,什么堂什么轩的屋顶就挤在你眼前,你可以辨认那遗留在瓦楞(léng)上的雀粪。真山真水若是自然手创的艺术品,假山便是人类的难能而不可贵的"匠"制。凡是可以从真山真水得到的趣味,假山完全没有。

看既没有可看，爬又无甚意趣，为什么花园里总得堆一座假山呢？山不可移。叠起一堆乱石来硬叫它山，石块当然不会提抗议，而主人翁便怡然自得，心里想："万物皆备于我矣，我的花园里甚至有了山。"舒服得无可奈何的人往往喜爱"万物皆备于我"，古董、珍宝、奇花、异卉、美人、声伎（jì），样样都要，岂可独缺名山？堆了假山，虽然眼中所见的到底不是山，而心中总之有了山了，于是并无遗憾。兴到时吟吟诗，填填词，尽不妨夸张一点儿，"苍崖千丈"呀，"云气连山"呀，写上一大套征求吟台酬和，作为消闲的一法。这不过随便揣想罢了，从前的绅富爱堆假山究竟是这个意思不是，当然不能说定。

1936年10月16日发表

荷 花

今天清早进公园,闻到一阵清香,就往荷花池边跑。荷花已经开了不少了。荷叶挨挨挤挤的,像一个个大圆盘,碧绿的面,淡绿的底。白荷花在这些大圆盘之间冒出来。有的才展开两三片花瓣。有的花瓣全都展开了,露出嫩黄色的小莲蓬。有的还是花骨朵儿,看起来饱胀得马上要破裂似的。

这么多的白荷花,有姿势完全相同的吗?没有,一朵有一朵的姿势。看看这一朵,很美,看看那一朵,也很美,都可以画写生画。我家隔壁张家挂着四条齐白石老先生的画,全是荷花,墨笔画的。我数过,四条总共画了十五朵,朵朵不一样,朵朵都好看。如果把眼前这一池的荷叶荷花看作一大幅活的画,那画家的本领比齐白石老先生更大了。那画家是谁呢……

我忽然觉得自己仿佛就是一朵荷花。一身雪白的衣裳,透着清香。阳光照着我,我解开衣裳,敞着胸膛,舒坦极了。一阵风吹来,我就迎风舞蹈,雪白的衣裳随风飘动。不光是我一朵,一池的荷花都在舞蹈呢,这不就像电影《天鹅湖》里许多天鹅一齐舞的场面吗?风过了,我停止舞蹈,静静地站在那儿。蜻蜓飞过来,告诉我清早飞行的快乐。小鱼儿在下边游过,告诉我昨夜做的好梦……

周行、李平他们在池对岸喊我,我才记起我是我,我不是荷花。

忽然觉得自己仿佛是另外一种东西,这种情形以前也有过。有一天早上,在学校里看牵牛花,朵朵都有饭碗大,那紫色鲜明极了,镶上一道白边儿,更显得好看。我看得出了神,觉得自己仿佛就是一朵牵牛花,朝着可爱的阳光,仰起圆圆的笑脸。还有一回,在公园里看金鱼,看得出了神,觉得自己仿佛就是一条金鱼。胸鳍像小扇子,轻轻地扇着,大尾巴比绸子还要柔软,慢慢地摆动。水里没有一点儿声音,静极了,静极了……

我觉得这种情形是诗的材料,可以拿来作诗。作诗,我要试试看——当然还要好好地想。

三棵银杏树

我家屋后有一片空地,十丈见方,前边和右边沿着河,左边是人家的墙。三棵银杏树站在那里。一棵靠着右边,把影子投到河里。两棵在中央,像两个亲密的朋友,手牵着手,肩并着肩。

三棵银杏树有多大的年纪了,没有人知道。父亲说,他小时候,树就这么高这么大了,经过了三十年的岁月,似乎还是这么高这么大。

三棵树的主干都很直,枝干也是直的多,偶然有几枝屈曲得很古怪,像画上画的。每年冬天,赤裸的枝干上生出无数小粒。这些小粒渐渐长大,最后像牛的奶头。

到了春天,绿叶从奶头似的地方伸展出来。我们欢喜地说:"银杏树又穿上新衣裳了!"空地上有了这广大的绿荫,成了最好的游戏场所,我们在那里赛跑,唱歌,扮演戏剧。经过的船常常停泊在右边那一棵的绿荫下面,摇船的歇口气吸一管烟,或者煮一锅饭,这时候,一缕缕烟就袅袅地升起来了。

银杏树的花太小了,很容易被人忽略。去年秋天,我一边拾银杏果,一边问父亲:"银杏树为什么不开花?"父亲笑着说:"不开花哪儿来的果?待来春留心看吧。"今年春天,我看见了银杏树的花了,那是很可爱的白里带点儿淡黄的小花。

说起银杏果,不由得想起"烫手啰,热白果"的叫卖声来。白果是银杏的种子,炒熟了,剥掉壳,去了衣,就是绿玉一般的一颗仁,虽然不甜,却有一种特别的清味,我们都喜欢吃。

秋风阵阵地吹,折扇形的黄叶落得满地。风把地上的黄叶吹起来,我们拍手叫道:"一群黄蝴蝶飞起来了!"等到黄叶落尽,三棵老树又赤裸裸的了。屈曲得很古怪的枝干上偶然有一两只鹰停在那里,好久好久不动一动,衬着天空的背景,正像一幅古画。

两叠画片

父亲在那里看一些画片,我也靠近去看。画片上印的不是花草,不是鸟兽,也不是什么地方的风景,却是破碎的瓦罐。

我觉得奇怪,就问父亲:"这些破碎的瓦罐有什么好看?"

父亲指着画片说:"这些是三千多年前商代的东西,是从河南省黄河北岸挖掘出来的。我们看了这些东西的式样和花纹,可以知道古代人心里想些什么和他们的工艺水平。"

啊,三千多年前的东西!我听了父亲说的,就拿起画片来仔细看。

这些瓦罐有高的,有矮的,有大口的,有小口的,有平底的,有三脚的,有斜纹的,有回纹的。论工艺水平,和现在的陶器差不多。

商代人在这些东西里盛着酒,盛着牛肉和羊肉,喝的时候,吃的时候,想来也露出一副馋相儿吧。

父亲又从桌子的抽屉里拿出一叠画片，对我说："你再看这个。"

这些画片上印着一块块黑色的东西，式样和大小都不一样。上面有一簇簇白的条纹，好像是文字，但是我不认识。

父亲说："这是商代人的画。"

我说："我们在白纸上印黑字，商代人却在黑纸上印白字，正好和我们相反。"

父亲说："商代人没有纸，又没有印书的机器，这是一块块龟壳和牛胛[①]，文字是用刀刻上去的。这些龟壳和牛胛骨也是在河南省黄河北岸挖掘出来的。用纸用墨拓下来，就成黑纸白字了。"

我说："好奇怪的文字呀！"

父亲说："你说奇怪，它们却是现在的文字的祖先呢。"

啊，被我认出来了！这是个"今"字，这是个"日"字，祖宗的相貌竟同子孙的差不多。

---

① 胛（jiǎ）：背脊上部与两个胳膊接连的部分。

老　黄

老黄是我家的一头老牛。我父亲买它来的时候它还是小牛呢。它在我家长大，一年四季替我们做种种的工作。后来它老了，衰弱了。我父亲心爱这个老伙计，说它一生辛苦，再不能拿什么工作去麻烦它了，就让它安适地、自由地过它的暮年。

老黄惯躺在门前的场上。我们一群孩子总欢喜环绕着它，抚摩它的面颊，梳它的毛，温和地抱它，取一些草料来喂它，或者采了花朵做成花球挂在它的角上。它被我们打扮得像一个爱好修饰的老头子，有时似乎也觉得自己的模样怪，可是永远不和我们生气。它总是睁大了眼睛，和气地看着我们；它的眼光中好像有许多话要告诉我们似的。我们问道："什么，老黄？告诉我们，你要什么？"它并不回答我们，总是摇一摇头，呼一口气，没有牙齿的嘴巴又慢慢地咀嚼起来。

我们给它很多的草料，它差不多整天在那里咀嚼。虽然如此，它还是瘦得可怕。它的肚皮瘪了进去，肋骨一条一条数得清。此外肩胛骨、脊椎骨，总而言之，全副骨骼都显露了出来，很像地理模型上连绵不断的山脉。

每天早上，老黄抖去身上的稻草，从棚里钻出来，跑到河边去喝它的早茶。喝完，它便慢慢地走回来，傍晚时候，人家将要吃晚饭了，它又照样地出去喝水，照样地回来。它做这短距离的散步时刻这样准，人家竟把它当作时辰钟看了。

在夏季里，我们常常带着老黄和村里的牛羊一同出去放青。那些牛羊全是顽皮、活泼的家伙，喜欢跑到深山里，爬上峭壁，越过突兀的山峰。这种游戏，在老黄是十分为难的，因此它常常落后，直到极晚的时候，才独个儿回来。

我父亲就让它和村里的小牛一同出去，因为小牛是不会跑到深山里去的。它跟着一群小牛出了村庄，忽然转身向后跑，回到它的棚里。我们用尽办法，赶它到小牛的队伍里去，然而无效。第二天，它先是生了一会儿气，结果跟着走了；但是快到正午的时候，它又独个儿回来了。几天之后，它才渐渐习惯，不再反对和那些不懂事的小家伙做伴。村里人听说有这么一回事，都特地跑出来看老黄跟着一群小牛出去放青。老黄在一大队小牛的旁边走，正像一个教师领着一群小学生游行，它的眼光时时在照顾它们呢。

老黄忽然病了。它不到草场上来，只是静静地躺在棚里。它的身体一天比一天衰弱，抖得很可怕，毛都直竖；看它的无力的眼光，可知它十分痛苦。我们替它披上一条毯子，弄东西给它吃，但是它并不尝一尝。我们拿水给它，它把鼻头浸到水里，立刻缩了回来，大声地哼着。我们便去请了兽医来，仔细地给它诊察，卷它的尾巴，拉它的耳朵，又翻起它的眼皮来看，最后，拿一些辛辣的黑色药粉放在它的鼻孔边，强迫它吸进去。

老黄躺着受了好几天的苦。这几天里，它甚至没有力气看一看我们给它的草料和水，身体瘦极了，只剩一堆骨头。后来它能够起来吃一点儿东西了，可是四条腿完全没有劲儿，一副站不稳的样子。

一天，春光很好。桃树上开满花朵，前一天晚上刚下过雨，空气很清新。天空没有一片云。太阳光爬上那些山头，有说不出的美丽。

老黄好像比往日爽健些，快活些。我们非常高兴，特地采了各色的花，做一个大花环，挂在它的角上。我们都抚摩它。它眨着眼睛，表示很乐意接受我们的好意。

它起身了，很有力地移动脚步，走出门去，仍旧是往常的那副姿态，不过更瘦些、更衰弱些罢了。我们想止住它，但是母亲说让它去散散步也是好的，所以我们只跟在它的后面。

老黄一直向河边走去。村里人好久不见它了，都站住了欢呼道："你又出来了，老黄！"

它到河边，喝了些水，又站了一会儿，破例地不回家来，却走到近旁的田边。那里轻风拂着长成的小麦，麦浪下面藏着无数的斑鸠，上面呢，有千百只小蝴蝶结队飞舞。老黄站在田边，静静地看着，好像对一个熟人，还啃去了地上几茎青草。忽然它站不稳了，全身摇荡，叫了一声，便跌倒了。我们都怕得喊起来，飞奔回去报信。

我们跟着父亲再到田边去看的时候，老黄已经死了，它的头枕着那大花环，眼睛睁得大大地望着我们。

景泰蓝的制作

一天下午，我们去参观北京市手工业公司实验工厂，粗略地看了景泰蓝的制作过程。景泰蓝是多数人喜爱的手工艺品，现在把它的制作过程说一说。

景泰蓝拿红铜做胎，为的红铜富于延展性，容易把它打成预先设计的形式，要接合的地方又容易接合。一个圆盘子是一张红铜片打成的，把红铜片放在铁砧（zhēn）上尽打尽打，盘底就洼了下去。一个比较大的花瓶的胎分作几截，大概瓶口、瓶颈的部分一截，瓶腹鼓出的部分一截，瓶腹以下又是一截。每一截原来都是一张红铜片。把红铜片圈起来，两边重叠，用铁锤尽打，两边就接合起来了。要圆筒的哪一部分扩大，就打哪一部分，直到符合设计的意图为止。于是让三截接合起来，成为整个的花瓶。瓶底可以焊上去，也可以把瓶腹以下的一截打成盘子的形状，那就有了底，不用另外焊了。瓶底下面的座子，瓶口上的宽边，全是焊上去的。至于方形或是长方形的东西，像果盒、烟卷盒之类，盒身和盖子都用一张红铜片折成,只要把该接合的转角接合一下就是,也不用细说了。

制胎的工作其实就是铜器作的工作,各处城市大都有这种铜器作,重庆还有一条街叫打铜街。不过铜器作打成一件器物就完事,在景泰蓝的作场里,这只是个开头,还有好多繁复的工作在后头呢。

第二步工作叫掐丝,就是拿扁铜丝(横断面是长方形的)粘在铜胎表面上。这是一种非常精细的工作。掐丝工人心里有谱,不用在铜胎上打稿,就能自由自在地粘成图画。譬如粘一棵柳树吧,干和枝的每条线条该多长,该怎么弯曲,他们能把铜丝恰如其分地剪好曲好,然后用钳子夹着,在极稠的白芨浆里蘸一下,粘到铜胎上去。柳树的每个枝子上长着好些叶子,每片叶子两笔,像一个左括号和一个右括号,那太细小了,可是他们也要细磨细琢地粘上去。他们简直是在刺绣,不过是绣在铜胎上而不是绣在缎子上,用的是铜丝而不是丝线、绒线。

他们能自由地在铜胎上粘成山水、花鸟、人物种种图画,当然也能按照美术家的设计图样工作。反正他们对于铜丝好像画家对于笔下的线条,可以随意驱遣,到处合适。美术家和掐丝工人的合作,使景泰蓝器物推陈出新,博得多方面人士的爱好。

粘在铜胎上的图画全是线条画，而且一般是繁笔，没有疏疏朗朗只用少数几笔的。这里头有道理可说。景泰蓝要涂上色料，铜丝粘在上面，涂色料就有了界线。譬如柳条上的每片叶子由两条铜丝构成，绿色料就可以填在两条铜丝中间，不至于溢出来。其次，景泰蓝内里是铜胎，表面是涂上的色料，铜胎和色料，膨胀率不相同。要是色料的面积占得宽，烧过以后冷却的时候就会裂。还有，一件器物的表面要经过几道打磨的手续，打磨的时候着力重，容易使色料剥落。现在在表面粘上繁笔的铜丝图画，实际上就是把表面分成无数小块，小块面积小，无论热胀冷缩都比较细微，又比较禁得起外力，因而就不至于破裂、剥落。通常谈文艺有一句话，叫内容决定形式。咱们在这儿套用一下，是制作方法和物理决定了景泰蓝掐丝的形式。咱们看见有些景泰蓝上画的图案画，在图案画以外，或是红地，或是蓝地，只要占的面积相当宽，那里就嵌几条曲成图案形的铜丝。为什么一色中间还要嵌铜丝呢？无非使较宽的表面分成小块罢了。

粘满了铜丝的铜胎是一件值得惊奇的东西。且不说自在画怎么生动美妙，图案画怎么工整细致，单想想那么多密密麻麻的铜丝没有一条不是专心一志粘上去的，粘上去以前还得费尽心思把它曲成最适当的笔画,那是多么大的工夫!一个二尺半高的花瓶,掐丝就要花四五十个工。咱们的手工艺品往往费大工夫,刺绣,缂丝,象牙雕刻,全都在细密上显能耐。掐丝跟这些工作比起来,可以说不相上下,半斤八两。

刚才说铜丝是蘸了白芨浆粘在铜胎上的,白芨浆虽然稠,却经不住烧,用火一烧就成了灰,铜丝就全都落下来了,所以还得焊。先在粘满了铜丝的铜胎上喷水,然后拿银粉、铜粉、硼砂三种东西拌和,均匀地筛在上边,放到火里一烧,白芨浆成了灰,铜丝就牢牢地焊在铜胎上了。

随后就是放到稀硫酸里煮一下,再用清水洗。洗过以后,表面的氧化物和其他脏东西都去掉了,涂上的色料才可以紧贴着红铜,制成品才可以结实。

于是轮到涂色料的工作了,他们管这个工作叫点蓝。涂上的色料有好些种,不只是一种蓝色料,为什么单叫点蓝呢?原来这种制作方法开头的时候多用蓝色料,当时叫点蓝,就此叫开了(我们苏州管银器上涂色料叫发蓝,大概是同样的理由)。这种制品从明朝景泰年间(15世纪中叶)开始流行,因而总名叫景泰蓝。

用的色料就是制颜色玻璃的原料,跟涂在瓷器表面的釉料相类。我们在作场里看见的是一块块不整齐的硬片，从山东博山运来的。这里头基本质料是硼砂、硝石和碱，因所含的金属矿质不同，颜色也就各异。大概含铁的作褐色，含铀的作黄色，含铬的作绿色，含锌的作白色，含铜的作蓝色，含金含硒的作红色……

他们把那些硬片放在铁臼（jiù）里捣碎研细，筛成细末应用。细末里头不免掺和着铁臼上磨下来的铁屑，他们利用吸铁石除掉它。要是吸得不干净，就会影响制成品的光彩。看来研磨色料的方法得讲求改良。

各种色料的细末都盛在碟子里，和着水，像画家的画桌上一样，五颜六色的碟子一大堆。点蓝工人用挖耳似的家伙舀着色料，填到铜丝界成的各种形式的小格子里。大概是熟极了的缘故，不用看什么图样，自然知道哪个格子里该填哪种色料。湿的色料填在格子里，比铜丝高一些。整个表面填满了，等它干燥以后，就拿去烧。一烧就低了下去，于是再填，原来红色的地方还是填红色料，原来绿色的地方还是填绿色料。要填到第三回，烧过以后，色料才跟铜丝差不多高低。

现在该说烧的工作了。涂色料的工作既然叫点蓝，不用说，烧的工作当然叫烧蓝。一个烧得挺旺的炉子，燃料用煤，炉膛比较深，周围不至于碰着等着烧的铜胎。烧蓝工人把涂好色料的铜胎放在铁架子上，拿着铁架子的弯柄，小心地把它送到炉膛里去。只要几分钟工夫，提起铁架子来，就看见铜胎全体通红，红得发亮，像烧得正旺的煤。可是不大工夫红亮就退了，涂上的色料渐渐显出它的本色，红是红绿是绿的。

涂了三回烧了三回以后，就是打磨的工作了。先用金刚砂石水磨，目的在使成品的表面平整。所谓平整，一是铜丝跟涂上的色料一样高低，二是色料本身也不许有一点儿高高洼洼。磨过以后又烧一回，再用磨刀石水磨。最后用椴木炭水磨，目的在使成品的表面光润。椴木木质匀净，用它的炭来水磨，成品的表面不起丝毫纹路，越磨越显得鲜明光滑。旁的木炭都不成。

椴木炭磨过，看来晶莹灿烂，没有一点儿缺憾，成一件精制品了，可是全部工作还没完，还得镀金。金镀在全部铜丝上，方法用电镀。镀了金，铜丝就不会生锈了。

全部工作是手工，只有待打磨的成品套在转轮上，转轮由马达带动的皮带转动，算是借一点儿机械力。可是拿着蘸水的木炭、磨刀石挨着转动的成品，跟它摩擦，还得靠打磨工人的两只手。起瓜楞的花瓶就不能套在转轮上打磨，因为表面有高有低，洼下去的地方磨不着。那非纯用手工打磨不可。

各种的声音

各种的声音引起我们各种的情趣、各种的想象。

早上醒来,眼睛还没有睁开,听见碎乱的一片小鸟声,就知道晴明的阳光在等着我们了。傍晚的时候,听见乌鸦一阵阵地呼噪,就知道人家的烟囱里要吐出炊烟来了。

鸭儿成群游泳,嘎嘎地叫着,使我们想起江南的春景。鹰儿在明蓝的天空中盘旋,徐徐地发出尖锐的鸣声,使我们想起北地的清秋。

夏天,树枝一动不动,送出一片蝉声来,我们只觉得很寂静。秋天的夜里,围绕屋子都是秋虫的声音,我们也觉得很寂静。同样的寂静却又有不同:蝉声带着热味,而秋虫声带着凉意。

人家聚集的地方也就聚集着鸡和狗,所以一听见鸡啼、狗叫,我们便感觉群众聚在一起的热闹情味。可是我们到动物园里去,听见了狮子的一声吼叫,即使旁边有着许多的游客,总似乎独个儿留在深山荒野里了。

水声是很有趣味的。小溪好像一个人在那里轻轻地弹琴，瀑布好像许多人在那里不断地打鼓，弹琴固然寂静，打鼓也不觉得喧闹。大江、大海的声音却像山崩陆陷，带着一种惊天动地的气势，我们听了只觉得自己的微弱，连口都不敢开一声了。

　　走进都市里，便到处听见人为的声音。火车和汽船呜呜地响着汽笛，各种车辆发出各种声音，有些店家奏着招引买客的音乐，有些店家开着无线电收音机。如果走近工厂，便听见机器运动的声响，很有规律，显示巨大的力量。这些都是人类文化的声音，情趣和前面说的那些声音自不相同。

　　各种的声音引起我们各种的情趣、各种的想象。

没有秋虫的地方

阶前看不见一茎绿草，窗外望不见一只蝴蝶，谁说是鹁（bó）鸽箱里的生活，鹁鸽未必这样枯燥无味呢。秋天来了，记忆就轻轻提示道："凄凄切切的秋虫又要响起来了。"可是一点影响也没有，邻舍儿啼人闹弦歌杂作的深夜，街上轮震石响邪许并起的清晨，无论你靠着枕头听，凭着窗沿听，甚至贴着墙角听，总听不到一丝秋虫的声息。并不是被那些欢乐的劳困的洪大的清亮的声音淹没了，以致听不出来，乃是这里根本没有秋虫。啊，不容留秋虫的地方！秋虫所不屑居留的地方！

若是在鄙野的乡间，这时候满耳朵是虫声了。白天与夜间一样地安闲；一切人物或动或静，都有自得之趣；嫩暖的阳光和轻淡的云影覆盖在场上，到夜呢，明耀的星月和轻微的凉风看守着整夜，在这境界这时间里唯一足以感动心情的就是秋虫的合奏。它们高低洪细疾徐作歌，仿佛经过乐师的精心训练，所以这样地无可批评，踌躇满志。其实它们每一个都是神妙的乐师；众妙毕集，各抒灵趣，哪有不成人间绝响的呢。

虽然这些虫声会引起劳人的感叹、秋士的伤怀、独客的微喟、思妇的低泣；但是这正是无上的美的境界、绝好的自然诗篇，不独是旁人最喜欢吟味的，就是当境者也感受一种酸酸的麻麻的味道，这种味道在另一方面是非常隽永的。

大概我们所祈求的不在于某种味道，只要时时有点儿味道尝尝，就自诩（xǔ）为生活不空虚了。假若这味道是甜美的，我们固然含着笑来体味它；若是酸苦的，我们也要皱着眉头来辨尝它：这总比淡漠无味胜过百倍。我们以为最难堪而亟欲逃避的，唯有这个淡漠无味！

所以心如槁木不如工愁多感，迷蒙的醒不如热烈的梦，一口苦水胜于一盏白汤，一场痛哭胜于哀乐两忘。这里并不是说愉快乐观是要不得的，清健的醒是不必求的，甜汤是罪恶的，狂笑是魔道的；这里只是说有味远胜于淡漠罢了。

所以虫声终于是足系恋念的东西。何况劳人秋士独客思妇以外还有无量数的人。他们当然也是酷嗜趣味的，当这凉意微逗的时候，谁能不忆起那美妙的秋之音乐？

可是没有，绝对没有！井底似的庭院，铅色的水门汀地，秋虫早已避去唯恐不速了。而我们没有它们的翅膀与大腿，不能飞又不能跳，还是死守在这里。想到"井底"与"铅色"，觉得象征的意味丰富极了。

蚕

　　每年的春末，养蚕的人取出去年所收的蚕卵，把盐水洒在上面，这叫做"浴蚕"。蚕卵是蚕蛾生的，黏在纸上，密密地铺排着，不留空隙。初生的时候卵是黄色的，渐渐转绿，后来成为黑色；它比针尖大不了多少，分量很轻，一万颗只有一克重。每一只雌蛾能生卵七百多颗，生完卵它就死了。雄蛾交尾以后就被丢掉。雌蛾也有不生卵的。

　　蚕才孵化，细小得很，像黑丝的断屑，那时候桑叶要剪碎了喂的。渐渐长大起来，大约十天工夫，眠期到了。同在一起的蚕，眠期有早有晚，并不齐一。眠的时候不吃桑叶，也不行动，经过四十八个钟头，就脱去了一层皮，重又活动起来，这是"头眠"。"头眠"以后十天，眠期又到了，这是"二眠"。顺次到了"四眠"，那就快要吐丝结茧了。"四眠"的时候蚕身最长；过了"四眠"，反而缩短了，通体显得透明。蚕从初生到结茧，除了眠期，不停地吃着桑叶。过了四眠的蚕许多聚在一起，吃桑叶的声音刹，刹，刹，刹，好像一阵急雨落在芭蕉叶上。

蚕将要结茧的时候，养蚕的人把它们放到稻杆束上，这叫做"上山"。蚕就在那里吐丝结茧。结成了茧就化做蛹，自己耽在茧中。吐丝的时候，蚕昂起了头上下摇动，丝就从它的嘴里出来，本来是两缕，离了嘴才合做一缕，围绕着蚕身，渐积渐厚，结果成为椭圆形的，稍微有点儿弹性的茧。起初吐出来的丝浮松地附着在茧的外面，这叫做"茧网"，是不能拿来缫丝的。茧白色的居多，间或有黄色的。也有两条蚕合结一个茧的，茧比寻常的大得多，中间有两个蛹。

把蚕丝放到显微镜下面去看，就见两股东西互相纠缠着，像透亮的玻璃一般，因此知道本来是两缕，由蚕嘴里黏液的力量，才合做一缕的。丝质极细极轻，一千个茧的丝合在一起，只有四克多一点的生丝。

1934年写毕

选自开明高小国语课本第二册

燕 子

燕子，如果拿在手里看，是很不漂亮的鸟儿。它飞行的时候却漂亮极了，斜飞，掠水，打圈儿，没有一个姿势不美。

它有狭长的翅膀和分叉的尾巴，它有一对非常敏锐的眼睛，它的脖子几乎短到没有，完全为着飞行的便利。再加上一张极大的嘴，老是张开在那里，只待食物自己投进去。这样，它就飞着吃，飞着喝，飞着洗浴，飞着喂它的儿女。

虽不像鹰那样能从空中直扑下来，燕子飞行却更自由。它能旋转，旋转，旋转成不知多少个圈子，那路线是无定的，刻刻变化的。谁要想捕捉它，给它这样旋转又旋转，早就弄糊涂了；更兼精疲力尽，只好放弃了它。然而它还是一点没有疲倦。它靠着这种无比的技术和能力，很容易地猎取那些飞着的小动物，像苍蝇、蚊子、甲虫以及其他的虫豸（zhì）。

燕子的脚极细小。如果停在什么地方，就得用细小的脚去抓住,把肚子贴着那个地方。这是费力的事,而且很不自由;那时它就不如一只笨重的鸭子。所以它难得停下来。它和其他动物正相反;其他动物休息时就停止了活动,唯有它,不停地飞行才是它的休息。

燕子把它的窝做在高处,也为着飞行的便利。高处的窝是个最适当的出发点。它从那里像箭一般射出来,在广大的空中要怎样便怎样,何等自由,何等舒适。如果把窝做在低处,就没有这样方便了;因为要从一处地方飞跃起来,在它是很为难的。

1934年写毕

选自开明高小国语课本第二册

鲸

鲸是现存的最大的动物。它们生活在海洋里，有的身体长到三十多米。航海的人有时看见几丈高的烟水柱子从海面升起来，这就是有鲸在那里的标记。鲸游在海面呼吸空气，呼出的气遇到寒冷，就成为雾一样的烟水柱子。

因为鲸生活在海洋中，形态又很像一条鱼，从前的人叫它做"鲸鱼"，把它归在鱼类里头。其实它是兽类。它有好些特点和鱼类不同，最重要的有以下几点。第一，它是胎生的，幼鲸由母鲸哺乳；第二，它保持着一定的体温；第三，它用肺直接呼吸空气。

据生物学家说，很古很古的时候，鲸的祖先也是用四条腿步行的，后来在水里生活，两条前腿逐渐变成鱼鳍的形状；两条后腿竟消失了，在筋肉中可以看出还留着一些骨头痕迹。鲸的身体光滑极了，不长一根毛，在海里游得特别快。它的皮肤下面有很厚的脂肪层，可以保存体温。

鲸有许多种，有长牙齿的，也有不长牙齿的。有牙齿的吃大形的鱼，牙齿生在下颚，非常锋利，可能跟它们的祖先一个样。没有牙齿的鲸，上颚长着许多角质的东西，像梳子把海水和成群的小东西吞进嘴里，靠鲸须滤去海水，再把小东西咽下肚里。

母鲸哺乳它的孩子是非常有趣的。母鲸的身体后方生着两个乳房，有人类的拳头那么大。幼鲸咬住一个，只消吸一口，就吸足一顿的分量；母子俩就分开了。陆上的动物，哺乳是很费时间的，像母牛和母羊，乳头让小牛小羊含住了，只好等它们一口又一口吸饱了才完事。鲸生活在狂涛急浪里，要这样慢吞吞地哺乳是无论如何办不到的，所以习惯地采用了这样独特的方式。

1934年写毕

选自开明高小国语课本第二册

大　雁

　　秋天，一群一群的大雁从天空飞过，发出清亮的叫声。大雁的家乡在遥远的北方。那儿秋天就飞雪，到了冬天，什么东西都给冰雪盖没了。太阳每天只露一下脸，立刻又落下去了。如果再往北去，到了北极，那儿足足有半个年头见不到太阳的面。这样寒冷，这样黑暗，大雁怎么能生活呢？所以到了秋天，它们就结队迁移，向南方飞来。

　　大雁的飞行队很有秩序，常常排成"人"字形、"之"字形、"一"字形，我国的诗人因而把它叫做"雁字"。大雁飞行的时候，由一只富有经验的统率着全队。停下来休息之前，先在空中盘旋，侦察地面有没有危险。它们饥饿的时候，连麦苗和青草都吃。可是到底是水鸟，最喜欢在湖边和江滩上搜寻它们的食物。

　　到了春深时节，它们的家乡渐渐暖和起来，冰雪融化了。太阳每天照得很长久，只有三四个小时黑夜。如果再往北去，就整整六个月，太阳老在天空中打转。因为阳光充足，草木很快生长起来，各种虫豸繁殖得很多。大雁从南方飞回去，用芦秆等东西做基础，放上枯叶和羽毛，做成了窠，就把卵生在窠里。母雁孵卵非常专心，除非十分饥饿，它绝不肯离开一步。一个月之后，小雁出壳了，一出壳就能活泼地走动。母雁带领着它们到有水的地方去觅食。那儿虫豸很多，得食自然很容易，侵害大雁的动物很少，行动又极自由。大雁在这样安适的地方生活，真个其乐无比。

可是，这样安适的地方不是常年不变的。过了夏天就是秋天，冰雪又要来管领这个地方了。因此，大雁必须每年一次离开故乡，到南方来避寒。

1934年6月发表
原题为《雁》

爬山虎的脚

　　学校操场北边墙上满是爬山虎。我家也有爬山虎，从小院的西墙爬上去，在房顶上占了一大片地方。

　　爬山虎刚长出来的叶子是嫩红色。不几天叶子长大，就变成嫩绿色。爬山虎在十月以前老是长茎长叶子。新叶子很小，嫩红色不几天就变绿，不大引人注意。引人注意的是长大的叶子。那些叶子绿得那么新鲜，看着非常舒服。那些叶子铺在墙上那么均匀，没有重叠起来的，也不留一点儿空隙。叶尖一顺儿朝下，齐齐整整的，一阵风拂过，一墙的叶子就漾起波纹，好看得很。

　　以前我只知道这种植物叫爬山虎，可不知道它怎么能爬。今年我注意了，原来爬山虎是有脚的。植物学上大概有另外的名字。动物才有脚，植物怎么会长脚呢？可是用处跟脚一个样，管它叫脚想也无妨。

　　爬山虎的脚长在茎上。茎上长叶柄的地方，反面伸出枝状的六七根细丝，每根细丝头上长个小圆球。细丝和小圆球跟新叶子一样，也是嫩红色。这就是爬山虎的脚。

爬山虎的脚触着墙的时候，小圆球就成了一个小吸盘。六七个圆圆的小吸盘就巴住了墙，枝状的细丝原先是直的，现在弯曲了，把爬山虎的嫩茎拉一把，使它紧贴在墙上。爬山虎就这样一脚一脚地往上爬。如果你仔细看那些细小的脚，你会想起图画上蛟龙的爪子。

爬山虎的脚要是没触着墙，不几天就萎了，后来连痕迹也没有了。触着墙的，细丝和小吸盘逐渐变成灰色。不要瞧不起那些灰色的脚，那些脚巴在墙上相当牢固，要是你的手指不费一点儿劲儿，休想拉下爬山虎的一根茎。

        1956年10月13日写毕

荣宝斋的彩色木刻画

所谓彩色木刻画就是用木刻套印的方法印成的画幅，人物、花鸟、山水……差不多跟中国画画家笔下的真迹一模一样。我家里挂一幅新罗山人的花鸟画，一块石头前伸出一枝海棠，三个红胸鸟停在枝上，上下照应，瞧那神气正在那里使劲地叫。朋友们见了，有的说这一幅画得好，有的不言语，只是默默地观赏，也许还在那里想怎么我也收藏起名家的作品来了。等我说明这是彩色木刻画，荣宝斋的出品，他们都不期然而然地吐出一声"啊！"——这"啊！"里头含着惊奇、不相信的意味。可见彩色木刻画简直可以"乱真"了。

在十六世纪，我国就有彩色木刻画，多半印在诗笺上。诗笺是二十多公分高的小幅，听名称就可以知道它的用处。文人作成诗，总爱写给朋友们看看（那时候还没有报和杂志，也就没有投稿发表这回事），或者那首诗是特地赠给谁的，更非写录不可。把精心结撰的诗篇写在印着彩色画的诗笺上拿出去，当然比写在白纸上漂亮得多。

诗笺也拿来写信。要是按实定名，写信的该叫信笺。信稿起得好，又是一手好字，写在印着彩色画的信笺上，可以使受信人在了解实务、领略深情以外多一分享受。

近年来我国送些出版物到国外去展览，其中有笺谱。也许"笺谱"这个名称确实不容易翻，就翻成"画集"。"集"跟"谱"固然可以相通，都是"汇编"的意思。可是"笺"是诗笺和信笺，表示一定的用途，只因笺上有画就管它叫"画"，不免引起误会。为了解除误会，我特地在这里提一下。

诗笺、信笺上印彩色画，彩色画有各种各样的画法，印起来有容易有难。譬如一幅花卉，花朵、叶子、枝条全用墨色线条勾勒，花朵着红色，叶子着绿色，枝条着棕色，只要按色分刻四块板子——墨色、红色、绿色、棕色各一块——套印就成，那比较容易。花鸟画还有所谓没骨法，不用线条勾勒，只用彩色渍染，譬如画一张荷叶，绿色有浓有淡，有些地方用湿笔，绿色从着笔处稍微溢出，有些地方用枯笔，显出好些没着色的条纹，这要印出来就比较难。可是印造诗笺、信笺的摸索出一套方法，练成一套技术，也能够照样办到，总之，原画怎么样就印成怎么样。咱们现在看荣宝斋仿造的《十竹斋笺谱》，里头就有用这样的印法的。《十竹斋笺谱》的原本在崇祯十七年出版，还是十七世纪中段的东西呢。

我小时候喜欢从纸店里买些诗笺玩儿，都是线条画，套印不过两色。这个东西跟文人有缘，大概文人比较多的地方就有。一般人既然不作诗，写信又没有什么讲究，当然用不着这种画笺。北京地方印造这种画笺的最多，理由很容易了解，不用多说。据朋友告诉我，清朝末年有懿文斋、松古斋、秀文斋、宝文斋、宝晋斋、万宝斋、松华斋、荣禄堂、翰宝斋、翰雅斋、彝宝斋、清秘阁这么些家，出品都是单色的。还有一家松竹斋最出名，有二百多年的历史，庚子事变的时候倒闭了，后来改组成荣宝斋。现在荣宝斋经过改造，已经是国营的企业。

荣宝斋印过翁同和画的梅花屏四条，又仿造过诒王府的彩色角拱花笺，很有名，后来渐渐印笺谱，仿造的《十竹斋笺谱》是出色的成绩。最近多印册页、条幅，册页有《现代国画》、《敦煌壁画选》、沈石田的《卧游》画册……条幅有方才说的新罗山人的花鸟画，有齐白石先生、徐悲鸿先生的作品，全是木刻套印的。册页比诗笺大三四倍，条幅更大了，新罗山人的那一幅，高一公尺二十六公分，宽四十一公分半。可见荣宝斋的新的努力是使彩色木刻画向大幅发展。

我参观过荣宝斋的工场，现在据参观所得谈谈彩色木刻画的制作方法和技术。

得从板子说起，有了板子才可以印刷。刻板子先得描底稿。像方才说的花朵着红色、叶子着绿色、枝条着棕色的画，只要照原画分色勾描，原画有几色，描成几张底稿就成了。勾描用映写法，就是拿半透明的薄纸蒙在原画上，看准原画用细线条勾描。至于用彩色渍染的画，一个颜色里有浓淡，一个地方着好几色，或者还有湿笔、枯笔，那么分析板子就是大工夫。不明白画理没法下手，还得熟悉印刷的技术。设计的人从画理和印刷的技术着眼，认定哪儿的浓淡得分刻几块版子，哪儿的几色可以合用一块板子，哪儿的湿笔只要印刷的时候使些手法就成，然后分别勾描。勾描是极细致的工作，描得进一线出一线就走了样，张张底稿描得准确，位置不差分毫，印起来才套得准。一幅彩色不怎么繁复的画，至少也得分别描成六七张底稿。这还是就册页说。至于条幅，高度在一公尺以上，即使上方和下方有些部分彩色完全相同，可是印刷条件有限制，不能够同时印刷，也得分别描成几张底稿。譬如一幅花卉，上方的、中部的、下方的一部分叶子都是淡绿色，彩色虽然相同，也得描成三张底稿，刻成三块板子，分三次印刷。像我说的新罗山人的那幅花鸟画，勾描下来分成四十九张底稿，刻成四十九块板子，印刷的次数还要多，因为有些板子要印两次或三次。看起来那么雅淡简洁的一幅画，不知道底细，谁也不会相信制作的手续是这么繁复的。

方才说拿薄纸蒙在原画上勾描，描出来自然跟原画一样大小。也可以改变原画的大小，让印成的画幅比原画小些或者大些。这要依靠照相。照相把原画缩小或者放大，然后依据照片勾描，原画放在旁边随时参考。印造彩色木刻画全部是手工，只有在这个场合才利用现代的机械。

分别描成底稿，随后的工作就是刻板子。底稿反贴在刨平的木板上，跟刻书一样，刻成的板子是反的。木板是杜梨木，木质坚实匀净。我国木刻向来用杜梨木和枣木，所以"梨枣"成了木刻的代称。

工人刻板子的时候，右手握着刀柄，左手的拇指和食指帮着推动刀尖，那么细磨细琢地刻划着。原画放在旁边随时参考。所谓参考主要在体会原画的笔意，只有传出原画的笔意才能刻得真不走样。柔和的线条要保持它的柔和，刚劲的线条要显出它的刚劲，无论什么形状的笔触要没有斧凿痕，全都像画笔落在纸上的那个样儿，这固然靠勾描的功夫到家，可是勾描得好而刻工差劲，那就前功尽弃。所以刻板子的人也得明白画理，他要辨得出笔触的意趣，能够领会什么是柔和和刚劲，还得得心应手，实践跟认识一致，才能把版子刻得像样儿。鸟身上的羽毛，花心里的花蕊，一丝一缕都得细细地刻。还有那些枯笔，笔意若断若续，就得还它个若断若续。落笔的地方是极细的一丝丝，一丝丝之间是空白的一丝丝，这些丝丝全要照样刻出来，不容一丝有一些斧凿痕。我国善本书的书版向来称为精工的制作，现在谈的这个画板，比书板还要精工得多。

　　板子刻成以后，就是印刷了。先说说印刷的设备。这跟我国印木板书的设备一样。印刷桌的平面上挖一道比较宽的空隙，木板固定在空隙的左边，待印的一叠纸张固定在空隙的右边。往右边摊开的纸张翻到左边的木板上，印过以后让它从空隙那里垂下去，再翻第二张。固定木板，现在荣宝斋用的是外科中医用的膏药。这东西胶性很强，不致移动，可是用力挪移木板还是可以挪动，试印的时候校正位置挺方便——校正位置是一项重要工作，必须试得丝毫没有差错才能正式开印，不然就套不准。固定纸张的方法是拿一根木条把一叠纸的右边压住，木条两头拴紧，使它不能移动。一叠纸有它的厚度，压住的时候必须使每一张稍微错开点儿，这才从头一张纸到末了一张纸，板子都能印在全张纸的同一个位置上。

印刷不用油墨，用中国画画家用的颜料。换句话说，原画上用的什么颜料，印刷也用什么颜料。预先把颜料调好，水分多少，浓淡怎么样，都得对照原画。原画是早已干了的，必须估计到调好的颜料印在纸上干了以后怎么样，才可以不致差错。这全凭经验，经验里头包括眼睛的辨别力，调色的技巧，还有对于纸张的性质的认识。

纸张用宣纸，因为中国画画家作画大都用宣纸，既然要印造得跟原画一模一样，用纸自然应该相同。再说，用毛笔画水彩画只有画在宣纸上最合适。道林纸、铜板纸上虽然不是绝对不能画，画出来至少会减少画的意趣。譬如一笔浓笔画在道林纸、铜版纸上，着笔的地方跟纸面空白的地方必然界限分明，像刀刻似的，这就减少了意趣。要是毛笔多蘸了些水，涂上去水就浮在纸面上，彩色着不上纸，那还成个画？像齐白石先生常画的浓淡墨搀和着的大荷叶，道林纸、铜板纸上简直没法画。宣纸比道林纸、铜板纸松，质地匀净滋润，能吸水，无论浓笔湿笔，涂上去全能适应。水彩、毛笔、宣纸是中国水彩画的物质条件，彩色木刻画既然是仿造中国水彩画，自然不能不采用宣纸。

印册页、条幅都用双层宣纸，双层是造纸的时候就粘起来的。用双层纸印，彩色更好更美观。有些旧画的纸张，颜色变了，不像新宣纸那么白，仿造这些旧画的时候，宣纸就得先染色，染成旧纸的颜色。

宣纸是安徽泾县出产的，在宣城集中外销，所以叫宣纸。历史很久了，唐朝时候就有这种纸，明清两代生产最发达。原料是檀木的皮。用途除供文人写字作画以外，还可以印木板书。抗日战争一开始，泾县的造纸户全部垮了台，直到解放时期没恢复。后来组织宣纸联营处，最近又由地方政府投资，联营处改为公私合营。造纸工人见宣纸还有相当的需要，都表示决心，保证今后数量够用，质量提高。他们的经验和技术足够实现他们的保证，质量达到明清产品的标准不成问题，并且还可以超过。今后中国画画家和彩色木刻画的印造家可以不愁没有好纸用了。

现在该谈印刷的方法了。印刷的时候，原画当然也得挂在旁边。工人用毛笔蘸了调好的颜料涂在板子上，然后翻过一张纸，左手把纸拉平，右手拿一个叫"耙子"的家伙（大略像擦黑板的刷子，底面用棕皮包平，稍微有些弹性）在纸背面贴着板子的部分砑[1]印。这么说来好像印刷挺简单似的，其实不然。涂上颜料以后先得用一个细棕刷子（形状像咱们剃胡子时候拿来蘸肥皂的刷子，不过大得多，一大把细棕丝理得挺平的）刷过，使板面的颜料匀净，边缘上不致有溢出的颜料。如果是一块有一部分该印淡色的板子，譬如一张秋海棠叶，右边缘的绿色非常淡，那么把绿色颜料涂在板子上以后，就得擦掉右边缘的颜料，再用细棕刷子蘸了水轻轻刷过，然后印刷。这样，右边缘的颜料虽然擦掉，可是木板上还保留着绿色的水分，因而印出来刚好是极淡的绿色，又因为用刷子刷过，印出来的极淡的部分跟其他部分没有划然的界限。又如某一块板子在原画上是湿笔，涂在这块板子上的颜料就得有适当的水分，水分必须不多也不少，印出来才能跟原画一致。以上说的全是翻过纸来印刷以前的事儿。再说纸张蒙在板子上，拿耙子在纸背面砑印也大有分寸。哪块板子该实实在在地印，哪块板子只要轻轻一印，全靠对于挂在旁边的原画

———

[1] 砑（yà）：碾压。

的体会。至于得心应手印得恰如其分，那就非有熟练技巧不可。

哪一色的板子先印，哪一色的板子后印，这里头有讲究。哪一色得等前一色干了以后印，哪一色得在前一色没干的时候印，这里头也有讲究。这些讲究全跟画家作画的当时一样。遇到浓重的彩色，印一次不够，就再印一次，甚至印三次，这等于画家的画笔在纸面上浓涂。

印小幅是一个人的工作。印比较大的就得添一个人，帮着翻纸张，拉平纸张。印过一张还得看看有没有毛病，然后让它从印刷桌的空隙那里垂下去，工作当然不会怎么快。整个工场里静静的，跟现代印刷厂的气氛完全不同。咱们跑进现代印刷厂的车间，所有机器都在那里动，机器声似乎把全车间的空气给搅动了，因而视觉、听觉、触觉的器官全让动的感觉给占据了。在印刷彩色木刻画的工场里可没有这样的感觉。

还有一点该说一说。一幅画经过印刷，许多板子的边缘把纸面挤得洼下去，必然留下痕迹，这在原画上显然是没有的。可是不碍事，印成的画幅经过砑平托裱，就没有什么了。

中国彩色画也可以用彩色铜板、彩色胶板精印，可是铜板印的、胶板印的总觉得像张照片（看铜板、胶板印的油画就不大有这个感觉）。这是没有办法的，纸是铜板纸，彩色是油墨，物质条件不同了，当然不能完全传出原画的意趣。彩色木刻画用的纸张、颜料跟原画完全相同，只是用木板代替了毛笔，在雕刻和印刷的技术上又尽量设法不失毛笔画的意趣，所以制成品简直可以"乱真"。一幅精工的彩色木刻画不但是上好的工艺品，而且是比原画毫无愧色的艺术品。

木　刻

　　板画是图画中的一个部门，由于所用材料不同，又可分成铜板画、石板画、玻璃板画和木板画四种。木刻属于木板画，也称作板画或刻画，普通就称作木刻。

　　木刻的材料当然是木材。木材以梨、枣、白杨最为合适。这几种木材的质地都比较细密。我们中国古时候的木刻，大多也用梨枣为材料。所谓"灾梨祸枣"，就是说梨木枣木可以作为刻书的材料，倘若刻的是一部坏书，那么这两种木材未免白白地遭殃了。

　　木刻最主要的工具当然是刻刀。刻刀大致分成两种形式，一种是偏刀，一种是角刀。偏刀用来刻凸起的线条，把大片的木质铲去，剩下凸起的线条。角刀是三角形的，为了使用的方便，又有大小宽狭各种形式，都用来刻凹陷的线条。

　　我国木刻曾因佛像的印刷，有一个时期很为发达。后来佛教势力衰落了，木刻也跟着消沉下去。至于现代的木刻，与我国古时候的木刻并不完全相同。古时候的木刻是"白纸黑图",画面本身象张白纸,刻出来的东西象画在纸上的素描,通常只绘出轮廓,而不用阴影来烘托。要是拿已经刻好的木板来看,画的东西是凸出来的,好比"阳文"的印章。现代的木刻恰恰相反,是"黑纸白图",刻出一些线条表现明亮的部分,留下的表现阴暗的部分,使人看了有立体的感觉。这进步其实和绘画一样。要是拿已经刻好的木板来看,就象"阴文"的印章。

当然,现代的木刻也不是绝对不用古时候的方法,常常在一幅画上,两种方法同时参用。不过比较起来,现代木刻采用"黑纸白图"的方法的来得多些。

有了木板和刀,就可以动手刻了。木板有时刻用横断面的,有时候该用纵剖面的。大凡刻精细的画,就得用横断面的,因为横断面的木纹比较细。普通木刻就用纵剖面的。前者称为木口木刻,后者称为木面木刻。

木板先要磨光,涂上一层墨,又用铅笔在上面把画稿打好,然后动刀。别的国家的木刻家也有先把画稿打在透明的纸上,又用蓝色晒图法印在木板上,然后动刀的。我国现在的木刻家大多把画稿直接打在木板上。

把图画直接画在纸上,也就算了,为什么还要经过刻木的手续?这不是浪费吗?不,木刻非但不浪费,还具备着更经济的条件。普通一张图画,常常为一个人独占，供少数人欣赏。木刻画却可以拓成许多许多张，供许多许多人欣赏。另一方面，木刻画具有明快、朴素、有力的特色，在艺术上有它独特的价值。

在苏联，木刻艺术特别发达。在我国，经鲁迅先生的提倡，才开始有人重视木刻，从事木刻。十多年来，我国从事木刻工作者相当努力，到现在，我国的木刻已经走上了自己的道路，产生了特有的作风，这是一件值得高兴的事。

本志这一期选载一幅木刻，古元先生的《运草》。

古元先生在鲁迅先生提倡木刻的时候，就热心从事木刻工作了。经过十几年的努力，创造了他自己的风格，有了很大的成就。古元先生作风上的特点，是参用古时木刻与现代木刻的刻法，就是在一幅画面上，一部分的线条属于"白纸黑图"那一种，一部分的线条属于"黑纸白图"那一种。主题方面的特点，是专从平民生活取材，尤以描摹农民生活的为多。所以很多人都尊敬他，称他为服务人民的艺术家。

《运草》是以现代木刻的刻法为主，表现农民生活的一张木刻。因为画面上黑的部分比较多，所以能给我们一种情调浓重的感觉。在北方，大家爱好农民的生活，重视农民的工作，这也许是古元先生把这幅木刻的情调表现得很浓重的原因吧。

增产酒精的能手
——记苏国进同志用黑霉菌制曲

一九五二年底,苏国进同志在浙江大学毕业,被分配到济南酒精厂工作,在制曲车间当技术员。

济南酒精厂是我国目前最大的酒精厂,总分厂每天的原料要用白薯干二十几万斤。用白薯干做酒精,先把白薯干煮烂,加上曲,使白薯的淀粉变成糖,然后加上酵母,使糖变成酒精。制曲就是使霉菌在蒸熟的麸[①]皮上繁殖。霉菌含着很多糖化酵素,能使淀粉变成糖。每天的原料二十几万斤白薯干,就得用曲三万多斤。

济南酒精厂里最主要的生产车间有两个:一个是发酵车间,就是把淀粉变成糖再变成酒精的车间;一个是制曲车间。发酵车间已经机械化了,制曲车间呢,几乎全部还用手工操作。苏国进同志想,许多酒精厂都注意酵母,认为酵母是酒精产量多少的主要关键,可是制曲

---

① 麸(fū):小麦磨成面筛过后剩下的麦皮和碎屑。

也同样重要。要是霉菌在麸皮上长得不好,就不能使原料里的淀粉全部变成糖;糖少了,酵母虽然好,酒精的产量也不能提高。霉菌在生产的过程中,各个阶段需要不同的温度和湿度,用人工来调节不是件容易的事。并且工人也太劳累,制曲室又热又湿,常常跑出跑进,很容易害感冒,年头多了,还会闹关节炎。要改变这种情况,非使制曲车间也机械化不可。

苏国进同志想,制曲室应该有自动调节温度的设备,应该用喷雾机和通风机调节湿度。一木盘一木盘的曲时常要上下翻动,在上的木盘调下来,在下的木盘调上去,这太费人工,应该用自动传送带代替木盘。他在学校里并没学过机械化制曲,费了不少心思,才把机械的草图画出来。正在这时候,他学习了总路线,明白了国家首先发展重工业,对一般轻工业,要求充分发挥现有设备的潜力,提高产量,积累资金。领导上也屡次向他说明国家的政策。照他的设计,现有十二个制曲室要全部重建,要花很多钱,这怎么成呢?他就抛弃了这一套不切实际的想法,开始帮助工人改进操作方法和劳动组织。

济南酒精厂制曲的操作原先是这样的:麸皮蒸熟和杀菌以后,拌了种曲(做种的霉菌)在制曲室里装入木盘，十几个木盘一叠，放在那里，曲做好了，一叠一叠的木盘搬到楼上去，把曲倒出来，让它干燥。每一个制曲室里都有两批曲，一批是半成品，一批是新制品。苏国进同志想，霉菌在生长的初期和后期，需要的温度和湿度不同，两批放在一起不是个好办法。工人把一叠一叠的空木盘搬下楼来，又把成品搬上楼去，太劳累了。制曲室的门一会儿开一会儿关，温度和湿度也不容易保持。他就改进操作方法。一个制曲室里只放一批曲，同时开始做，同时做好。做好的曲就在制曲室里倒出盘来，装入麻袋搬上楼去。这样一来，不但温度和湿度可以随着霉菌的生长适当调节，而且不用把木盘搬下楼搬上楼了。木盘的数量既可以节省一半，工人的体力劳动也大为减轻。又因不必像以前那样常常跑出跑进，害感冒的人也减少了。制出来的曲，质量却比以前好得多。

　　苏国进同志又在增产方面动脑筋。他想，要使酒精增产，必须充分利用白薯里的淀粉。要充分利用淀粉，就得制出更好的曲，使淀粉差不多全部变成糖。他开始在霉菌的品种方面想办法。一般酒精厂制曲都用黄霉菌，济南酒精厂也用黄霉菌。黄霉菌有许多种。苏国进同志找二十几种黄霉菌来试验比较，看哪一种的糖化酵素力量最强，产酒精最多。最后找到了三种比较好的，但是跟当时厂里用的相差并不大。有一天，苏国进同志在苏联的《微生物学杂志》上看到一段消息，说苏联已经采用液体制曲了，就是让霉菌在液体里繁殖。他就想到厂里煮白薯干，采用了苏联的先进经验，加水的分量增加了一倍，结果很好。制曲为什么不可以学习苏联呢？液体制曲要有机械设备，目前还做不到，但是，除了这一点，难道就没有别的经验可以学习吗？他就到处搜寻苏联制造酒精的技术资料。但是在书店里，讲酒精工业的书几乎没有，找了好久，才找到一本原文本的苏联克里蒙夫斯基所著的《酒精制造工艺学》。

　　这时候，苏国进同志自修俄文没有多久，还看不懂原文本的书。他想，等学好了俄文再看，怎么来得及呢？生产任务这样紧，一定要想办法把书看懂。他就拿了本字典，一字一个字地查，把一句话里的生字全查出来了，然后揣摩全句的意思。这样看书当然很吃力，但是他相信在这本书里一定可以找到提高生产的方法，无论如何要硬着头皮把霉菌这一章好好看下去。他一天也不间断，一页一页地往下看，终于找到了获得优良霉菌的方向。书上说，用黑霉菌制曲比用黄霉菌好。黑霉菌的糖化酵素能耐热耐酸，力量也强。苏国进同志像发现了宝藏似的，连忙把讲黑霉菌的一段全部查明白、读清楚，还从别的书和杂志上找到了一些关于黑霉菌的资料。经过了仔细的研究，他要求领导让他做实验试一试。领导支持了他的要求。

厂的领导写信给北京的科学院菌种保藏委员会，要来了黑霉菌。他先做小型试验。黑霉菌也曾经有人用过，但是不曾交流过经验，找不到黑霉菌制曲的记录。苏国进同志只有从头做起，暗中摸索。一连两次都失败了，不知道为什么黑霉菌制曲老是长不好。这时候正是新年，苏国进同志也顾不得玩了，埋着头在家里查看有关的资料，跟两次失败的记录作比较。他发现他用了培养黄霉菌麸曲的方法培养黑霉菌麸曲，忽略了黑霉菌的特性。黑霉菌在生长的时候，需要的温度和湿度都比黄霉菌高。过了新年，他又开始实验，提高了温度，又加多了水分。这样一来，黑霉菌果然在麸皮上长得很好。他就用这黑霉菌跟黄霉菌做比较试验，结果是用黑霉菌曲比用黄霉菌曲，发酵含酒量一般要高千分之三到四。接着又做了五次试验，成绩都不错，有一次提高了百分之十。

一九五五年，济南酒精厂的生产任务很重，上级不但要求这个厂完成国家计划，还要求在不增加原料的条件下增产酒精一百五十吨。开头两个月，厂里的生产情况不很好,都没有完成计划。全厂人人都着急。因此,领导上更重视苏国进同志的研究,见他的试验初步成功了,马上作出决定,要求全厂支持他试验制曲,还给他研究的时间和必要的设备,拨给他一间房间。在普通房间里制曲,跟在玻璃瓶里种曲培养,情形又大不相同。在玻璃瓶里种曲室里,温度容易控制,室湿度不大会改变,空气里的杂菌也不容易进去。在房间里,不但温度难以保持,水分也容易蒸发,空气里的杂菌更没法提防。苏国进同志没有考虑到这些,以为在玻璃瓶里种曲室里试验已经成功,再不会有什么困难了。不料试做了四次,一次也没有成功。做出来的曲好像死面块,很结实,只在表面上有一点儿白色的菌丝,心子里全都发了灰。有人就说:"小量试验还没有把握,大量生产的时候更加不容易控制了。还不如照旧用黄霉菌来得好!"

苏国进同志很苦闷,他怕将来大量生产,困难会更多,会给国家造成很大的损失。加上他一连紧张了十几天,精神很疲倦,信心不免有点儿动摇。但是一转念间,他觉得决不能辜负领导和群众对他的期望,给他的鼓励。黑板报正在督促他呢:"苏国进同志,大家等待你最后成功!"他的青年助手张秉齐给他谈山东新华制药厂王志强研究搪(táng)玻璃的经过,说:"王志强失败了二百多次才得到成功。咱们只失败了四次,算得什么?"厂长派了几个有经验的工人帮助他。党委书记还找他谈话,鼓励他坚持试验,说:"碰到困难,更要拿出勇气来。你可以跟工人同志商量商量。"这句话把苏国进同志提醒了,"对啊,我只管一个人埋头钻研,为什么不找大家商量商量呢?问题很明显,还在温度和湿度上。我得跟大家商量商量,用什么方法来保持温度,提高湿度。"

苏国进同志就主动地找有经验的工人和有关技术员商量。黑霉菌需要的水分多,水分少了,繁殖就慢。繁殖一慢,生长一不旺盛,室内的温度很容易下降。于是打开暖气管来提高温度。但是暖气管一开,温度一提高,室内更加干燥了,黑霉菌更加长不好了。工人张秉齐向苏国进同志提出建议,在制曲之前,麸皮里加水的分量还要多。当时苏国进同志已经给每斤麸皮加十一两水,张秉齐说不妨试一试,每斤麸皮加十二两水,看结果怎么样。苏国进同志采纳了这个建议。室内温度下降的时候,他们就把蒸汽直接喷进去,不开暖气管加温。他们又在墙上喷水,地上洒水,充分保持空间的湿度。在这样的安排下,试验居然成功了,做出来的曲又松又软,简直像鸡蛋糕似的,里里外外都发黑,表明黑霉菌在麸皮上长得非常好。于是在发酵车间工人的配合下做了三次四百斤原料的酒精发酵试验。三次试验的结果,淀粉产酒率达到百分之五十四点四(以白薯干和麸曲所含的淀粉来计算),不但比用黄霉菌产量高,而且超过了国家计划指标。

用黑霉菌制曲终于试验成功了,领导上马上决定大量生产。这时候已经是五月底,天气很热,空气干燥。苏国进同志采纳工人张乐林的建议,在曲上喷水,保持湿度,曲照样做得很好。六月四日,发酵车间开始正式用黑曲生产,四天以后,第一缸酒精做出来了,每一百斤淀粉产酒精五十三点一九斤,超过厂里的增产节约计划指标一点一六斤。苏国进同志这才松了一口气。从前年11月到这时候,从用小试管培养黑霉菌到产出第一缸酒精,他一共忙了七个多月,大大小小的制曲和酒精发酵的试验一共做了四十八次。他回想这七个多月间,有好几次几乎放弃了试验,幸亏党和领导经常教育他,支持他,群众不断鼓励他,帮助他,他才坚持下来,得到成功。但是用黑霉菌制曲酿造酒精还只是开始,经验还不够,把握还不大,许多问题还没有完全解决。他想,只要听党的话,在工程师指导之下,虚心学习,时常跟工人和技术人员共同研究,时常得到科学院菌种保藏委员会的帮助，这些问题一定能够一个一个解决的。

　　济南酒精厂用黑霉菌酿造酒精，仅仅在一九五五年下半年四个半月里，除保证国家计划的完成外，还在不增加原料的条件下增产酒精一百五十三吨半，节约白薯干四十六万多公斤，为国家创造财富二十万五千多元。现在全国有许多酒精厂也采用了黑曲，虽然黑曲的质量还比不上济南酒精厂，但是比较用黄曲的时候，淀粉产酒率都提高了不少。

1956年5月12日作

谈成都的树木

前年春间,曾经在新西门附近登城,向东眺望。少城一带的树木真繁茂,说得过分些,几乎是房子藏在树丛里,不是树木栽在各家的院子里。山茶、玉兰、碧桃、海棠,各种的花显出各种的光彩,成片成片深绿和浅绿的树叶子组合成锦绣。少陵诗道:"东望少城花满烟,百花高楼更可怜",少陵当时所见与现在差不多吧,我想。

登高眺望,固然是大观,站到院子里看,却往往觉得树木太繁密了,很有些人家的院子里接叶交柯,不留一点儿空隙,叫人想起严译《天演论》开头一篇里所说的"是离离者亦各尽天能,以自存种族而已,数亩之内,战事炽然,强者后亡,弱者先绝",简直不像布置什么庭园。为花木的发荣滋长打算,似乎可以栽得疏散些。如果处在玩赏的观点,这样的繁密也大煞风景,应该改从疏散。大概种树栽花离不开绘画的观点。绘画不贵乎全幅填满了花花叶叶。画面花木的姿态的美,加上所留出的空隙的形象的美，才成一幅纯美的作品。满院子密密满满尽是花木，每一株的姿致都让它的朋友搅混了，显不出来，虽然满树的花光彩可爱，或者还有香气，可是就形象而言，那是毫无足观了。栽得疏散些，让粉墙或者回廊作为背景，在晴朗的阳光中，在澄彻的月光中，在朦胧的朝曦暮霭中，玩赏那形和影的美，趣味必然更多。

根据绘画的观点看，庭园的花木不如野间的老树。老树经历了悠久的岁月，所受自然的剪裁往往为专门园艺家所不及，有的竟可以说全无败笔。当春新绿茏葱，生意盎然，入秋枯叶半脱，意致萧爽，观玩之下，不但领略他的形象之美，更可以了悟若干人生境界。我在新西门外，住过两年，又常常往茶店子，从田野间来回，几株中意的老树已成熟朋友，看着吟味着，消解了我的独行的寂寞和疲劳。

说起剪裁，联想到街上的那些泡桐树。大概由于街两旁的人行道太窄，树干太贴近房屋的缘故，修剪的时候往往只顾保全屋面，不顾到损伤树的姿态，以致所有泡桐树大多很难看。还有金河街河两岸以及其他地方的柳树，修剪起来总是毫不容情，把去年所有的枝条全都锯掉，只剩下一个光光的拳头。我想，如果修剪的人稍稍有些画家的眼光，把可以留下的枝条留下，该会使市民多受若干分之一的美感陶冶吧。

少城公园的树木不算不多，可是除了高不可攀的楠大林，都受到随意随手的摧残。沿河的碧桃和芙蓉似乎一年不如一年了，民众教育馆一带的梅树，集成图书馆北面的十来株海棠，大多成了畸形，表示"任意攀折花木"依然是游人的习惯。虽然游人甚多，尤其是晴天，茶馆家家客满，可是看看那些"刑馀"的花树以及乱生的灌木和草花，总感到进了个荒园似的。《牡丹亭·拾画》出的曲文道"早则是寒花绕砌，荒草成窠"。读着很有萧瑟之感，而少城公园给人的印象正相同。整顿少城公园要花钱，在财政困难的此刻未必有这么一笔闲钱。可是我想，除了花钱，还得有某种精神，如果没有某种精神，即使花了钱恐怕还是整顿不好的。

1945年3月5日作

说　书

　　因为我是苏州人，望道先生要我谈谈苏州的说书。我从七八岁的时候起，私塾（shú）里放了学，常常跟着父亲去"听书"。到十三岁进了学校才间断。这几年间听的"书"真不少，"小书"如《珍珠塔》《描金凤》《三笑》《文武香球》，"大书"如《三国志》《水浒》《英烈》《金台传》，都不止听一遍，最多的听到三遍四遍。但是现在差不多忘记干净了，不要说"书"里的情节，就是几个主要人物的姓名也说不齐全了。

　　"小书"说的是才子佳人，"大书"说的是历史故事跟江湖好汉，这是大概的区别。"小书"在表白里夹着唱词，唱的时候说书人弹着三弦；如果是双档（两个人登台），另外一个就弹琵琶或者打铜丝琴。"大书"没有唱词，完全是表白。说"大书"的那把黑纸扇比较说"小书"的更为有用，几乎是一切"道具"的代替品，诸葛亮不离手的鹅毛扇，赵子龙手里的长枪，李逵

（kuí）手里的板斧，胡大海手托的千斤石，都是那把黑纸扇。

说"小书"的唱唱词据说是依"中州韵"的，实际上十之八九是方音，往往"ㄣ""ㄥ"不分，"真""庚"同韵。唱的调子有两派：一派叫"马调"，一派叫"俞调"。"马调"质朴，"俞调"婉转。"马调"容易听清楚，"俞调"抑扬太多，唱得不好，把字音变了，就听不明白。"俞调"又比较是女性的，说书的如果是中年以上的人，勉强逼紧了喉咙，发出撕裂似的声音来，真叫人坐立不安，浑身肉麻。

"小书"要说得细腻。《珍珠塔》里的陈翠娥见母亲势利，冷待远道来访的穷表弟方卿，私自把珍珠塔当作干点心送走了他。后来忽听得方卿来了，是个唱"道情"的穷道士打扮，要求见她。她料知其中必有蹊（qī）跷，下楼去见他呢还是不见他，踌躇再四，于是下了几级楼梯就回上去，上去了又走下几级来，这样上上下下有好多回，一回有一回的想头。这段情节在名手有好几天可以说。其时听众都异常兴奋，彼此猜测，有的说"今天陈小姐总该下楼梯了"，有的说"我看明天还得回上去呢"。

"大书"比较"小书"尤其着重表演。说书人坐在椅子上，前面是一张半桌，偶然站起来，也不很容易回旋，可是像演员上了戏台一样，交战，打擂台，都要把双方的姿态做给人家看。据内行家的意见，这些动作要做得沉着老到，一丝不乱，才是真功夫。说到这等情节自然很吃力，所以这等情节也就是"大书"的关子。譬如听《水浒》，前十天半个月就传说"明天该是景阳冈打虎了"，但是过了十天半个月，还只说到武松醉醺（xūn）醺跑上冈子去。

说"大书"的又有一声"咆头"，算是了不得的"力作"。那是非常之长的喊叫，舌头打着滚，声音从阔大转到尖锐，又从尖锐转到奔放，有本领的喊起来，大概占到一两分钟的时间：算是勇夫发威时候的吼声。张飞喝断灞陵桥就是这么一声"咆头"。听众听到了"咆头"，散出书场来还觉得津津有味。

无论"小书"和"大书"，说起来都有"表"跟"白"的分别。"表"是用说书人的口气叙述；"白"是说书人说书中人的话。所以"表"的部分只是说书人自己的声口，而"白"的部分必须起角色，生旦净丑，男女老少，各如书中人的身份。起角色的时候，大概贴旦丑角之类仍用苏白，正角色就得说"中州韵"，那就是"苏州人说官话"了。

说书并不专说书中的事，往往在可以旁生枝节的地方加入许多"穿插"。"穿插"的来源无非《笑林广记》之类，能够自出心裁地编排一两个"穿插"的当然是能手了。关于性的笑话最受听众欢迎，所以这类"穿插"差不多每回可以听到。最后的警句说了出来之后，满场听众个个哈哈大笑，一时合不拢嘴来。

　　书场设在茶馆里。除了苏州城里，各乡镇的茶馆也有书场。也不止苏州一地，大概整个吴方言区域全是这批说书人的说教地。直到如今还是如此。听众是士绅以及商人，以及小部分的工人农民。从前女人不上茶馆听书，现在可不同了。听书的人在书场里欣赏说书人的艺术，同时得到种种的人生经验：公子小姐的恋爱方式，吴用式的阴谋诡计，君师主义的社会观，因果报应的伦理观，江湖好汉的大块分金、大碗吃肉，超自然力的宰制人间，无法抵抗……也说不尽这许多，总之，那些人生经验是非现代的。

　　现在，书场又设到无线电播音室里去了。听众不用上茶馆，只要旋转那"开关"，就可以听到叮叮咚咚的弦索声或者海瑞、华太师等人的一声长嗽。非现代的人生经验利用了现代的利器来传播，这真是时代的讽刺。

深夜的食品

　　里的总门虽然在九点钟光景关上了，总门上的小门，仅容一个人出入的，却终夜开着。房主以为这是便利住户的办法，随便什么时候要进要出都可以；门口就有看门人睡在那里，所以疏失是不至于有的。这想法也许不错，随时可以进出确实便利；然而里里边却出了好几回疏失，贼骨头带着住户的东西走了。这是否由于小门开着的便利，固然不能确凿（záo）断定。

　　我想有一些人必然感激这小门的开着，是不容怀疑的，那就是挑售食品的小贩们。我中夜醒来（这是难得的事），总听见他们的叫卖声："五香茶叶蛋！""火腿热粽子！""五香豆腐干！""桂花白糖莲心粥！"还有些是广东人呼喊的，用心细辨也辨不清，只听见一连串生疏的声音而已。这时候众喧已息，固然有些骨牌声、笑语声、儿啼声在那里支持残局，表示这里里的人还没有全部入睡，但究竟不比白天的世界了。这些叫卖声大都是沙哑的；在这样的境界里传送过来，颤颤地，寂寂地，更显出这境界的凄凉与空虚。从这些声音又可以想见发声者的形貌，枯瘦的身躯，耸起的鼻子与颧颊，失神的眼睛，全没有血色的皮肤；他们提着篮子或者挑着担子，举起一步似乎提起一块石头，背脊是弯得像弓了。总之，听了这声音就会联想到《黑籍冤魂》里的登场人物。

有卖东西的，总有吃东西的。谁在深夜里还买这些东西吃呢？这可以断然回答，决不是我们。我家向来是早睡的，至迟也不过十一点钟（当然也是早起的）。自从搬到乡下去住了三年，沾染了鄙野的习俗，益发实做其太古之民了。太阳还照在屋顶，我们就吃晚饭；太阳没了，我们就"日入而息"，灯自然要点一点的，然而只有一会儿工夫。近来搬到这文明的地方上海来住，论理总该有点进步，把鄙野的习染洗刷去一部分，但是我们的习染几乎化为本性了；地方虽然文明，与我们的鄙野全不相干，我们还是早吃晚饭早睡觉。有时候朋友来访，我们差不多要睡了，就问他们："晚饭吃过了吧？"谁知他们回答得很妙："才吃过晚点，晚饭还差两三个钟头呢。"这使我惭愧了，同时才想起他们是久居上海的，习染自然比我们文明得多。像我们这样的情形，决不会特地耽（dān）搁了睡觉，等着买五香茶叶蛋等等东西吃的；更不会一听到叫卖声就从床上爬起来，开门出去买。所以半夜的里里虽然常常颤颤地寂寂地喊着什么什么东西，而我们决非他们的主顾。

那么他们的主顾是谁呢？我想那些神经不衰，通宵打牌的男男女女总该是其中的一部分。他们尚未睡眠，胃的工作并不改弱，到半夜里，已经把吃下去的晚餐消化得差不多了；怎禁得那些又香又甜又鲜美的名称一声声地引诱，自然要一口一口地咽唾沫了。手头赢了一点的呢，譬如少赢了一些，就很慷慨地买来吃个称心如意（黄包车夫在赌场门口候着一个赌客，这赌客正巧是赢了钱的，往往在下车的时候很不经意地给车夫过量的钱，洋钱当作毛钱用；何况五香茶叶蛋等等东西是自己吃下去的，当然格外地慷慨了）。输了的呢，他想借此告一小段落，说不定运气就会转变过来；把肚皮吃得充实些，头脑也会灵敏得多，结果"返本出赢钱"，吃的东西还是别人会的钞。他这么想的时候，就毫不在乎地喊道："茶叶蛋，来三个！""莲心粥，来一碗！"

其次，与叫卖者同属黑籍的人们当然也是主顾。叫卖者正吞饱了土（烟土）皮，吃足了什么丸，精神似乎有点回复，才出来干他们的营生；那些一榻（tà）横陈，一枪自持的，当然也正是宿倦已消，情味弥佳的当儿，他们彼此做个交易，正是适合恰当，两相配合。抽大烟的人大都喜欢吃烫的东西，有的欢喜吃甜腻的东西。那些待沽的东西几乎全是烫的，都搁在一个小炉子上，炉子里红红地烧着炭屑；而卖火腿热粽子的，也带着猪油豆沙粽，白糖枣子粽；这可谓恰投所好了；买来吃下去，烫的感觉，甜的滋味，把深夜拥灯的情味益发提起来了，于是又重重地深深地抽上几管烟。

其他像戏馆里游戏场里散归的游人，做夜间工作的像报馆职员之类，还有文明的习染已深，非到两三点钟不睡的居民，他们虽然不觉得深夜之悠悠，或者为着消消闲，或者为着点点饥，也就喊住过路的小贩买一些东西吃。所以他们也是那些深夜叫卖者的主顾。

我想夜间的劳工们未必是主顾吧。老板伙计一身兼任的鞋匠，扎鞋底往往要到两三点钟；豆腐店里的伙计，黄昏时候就要起身磨豆腐了；拉夜班的黄包车夫，是义务所在，终夜不得睡觉的，他们负着自己和全家的生命的重担，就是加倍努力地做一夜的工作，也未必能挣得到够买一个茶叶蛋一只火腿粽的闲钱来。他们虽然听着那些又香又甜又鲜美的名称而神往，而垂涎，但是哪里敢真个把叫卖者喊住呢！

他们不敢喊住，对于叫卖者却没有什么影响，据同里的人谈起，以及我偶尔醒来的时候听见的，知道茶叶蛋等等是每晚必来的；这足以证明那些东西自会卖完，这一宗营生决不会因为我们这样鄙野的人以及劳工们的不去作成它而见得衰颓的。

1924年8月26日作